# 사회정의와 문화정체성에 대하여

김 진 지음

# 사회정의와 문화정체성에 대하여

Jin Kim: Über die soziale Gerechtigkeit und kulturelle Identität

김진 지음

UUP

# 사회정의와 문화정체성에 대하여

2007년 1월 20일 1판 1쇄 인쇄
2007년 1월 30일 1판 1쇄 발행

지은이 : 김 진
발행인 : 정 정 길
편집인 : 김 호 연
발행처 : UUP (울산대학교출판부)
689-749 울산광역시 남구 무거동 산29번지
☎ 052-259-2488 Fax 227-3011
등록 제 370-1996-000001호(1996.3.13)

*ISBN 978-89-7868-962-5*

값 6,000원

※ 잘못된 책은 바꾸어 드립니다.

# 서문

2007년 1월 15일, 모대학에서 재임용 탈락된 전직 수학교수가 석궁으로 자신의 복직 소청 재심사 소송을 담당한 부장판사에게 테러하는 초유의 사태가 발생하였다. 세간에서는 교수가 어떻게 그런 일을 저지를 수 있느냐는 비판이 지배적이었고, 법원에서는 사법부에 대한 정면 도전행위를 더 이상 묵과할 수 없다고 하면서 법정 소란행위 등에 대하여 집중단속할 것을 천명하기도 하였다. 대부분의 사람들은 왜 오늘날 한국사회에서 이와 같은 테러가 발생하게 되었는가에 대하여 관심을 가지려고 하지 않았다.

그런데 판사 테러를 초래한 사건의 발단에 대한 조선일보의 심층보도가 눈길을 끈다(2007.01.17). 사태의 발단은 1995학년도 성균관대학교 본고사 수학 II 문제 중, 서술형 주관식 문제가 잘못 출제된 사실을 지적하면서 김교수가 모든 학생에게 만점을 주자고 건의하였으나, 대학 측에서 이를 묵인하고 부분 점수를 주는 선에서 해결함으로써 비롯되었다는 것이다. 그런데 오비이락인지는 몰라도 이듬해에 김교수는 재임용에서 탈락하였으며, 그 자신은 부당한 탈락이 입시문제 때문이라고 주장하였다.

전국 44개 대학 수학과 교수 189명이 대학측의 횡포에 항의하는 연판장을 재판부에 제출하기도 하였다. 1997년에 국제적인 과학학술지 사이언스(Science)와 수학전문학술지 매시매티컬 인텔리전스(Mathematical Intelligence)는 각각 '올바른 답의 비싼 대가' 혹은 '정직의 대가'라는 글을 실어서 김교수를 옹호하기도 했다. 그러나 이와 대조적으로 대한수학회와 고등과학원은 1995년에서 1997년 사이 당시 재판부가 수학문제 오류논쟁에 대한 의견 제출을 요구하자 답변을 회피하였다. 최근 이 문제에 대하여 대한수학회 김모 회장은 민감한 사안이라서 개인 의견을 밝힐 수 없으나 그 문제가 적절했는지는 대한수학회가 아니라 학원강사에게 물어봐도 알 것이라고 답했다고 한다. 문제에 잘못이 있었음을 시사하는 대목이다.

이런 사실에서 김교수는 대학과 학계와 재판부 모두에 대한 총체적인 불신에 사로잡힐 수밖에 없었을 것이다. 김교수 개인의 퍼스낼리티에 관계 없이 학문공동체가 사실을 정확하게 확인해 주지 않은 것은 치명적인 오류였다. 재판부 역시 국내학계가 답변을 회피했을 때 해외 학계 등 다른 기관에 자문을 구하지 않은 책임이 크다. 물론 김교수의 테러 행위 자체는 잘못된 것이고, 어떤 경우에도 용납될 수 없을 것이다. 그러나 필연적으로 테러를 불러올 수밖에 없었던 일련의 상황에서 가장 결정적인 이유 중의 하나는 바로 재판부의 직무유기였다는 사실이다.

왜 사법부가 존재하는가? 전관예우를 해주기 위해서 존재하는가? 아니면 돈 많고 힘있는 법률회사의 입장을 지지해주기 위해서 존재하는가? 판사에 대한 테러가 발생했을 때 법원은 왜 이런 사태가 일어났는가에 대하여 자성적으로 접근하지 않고, 자신들의 권위 방어에만 몰두하는가? 바로 이런 물음들이 이 사태의 본질이라고 할 수 있다.

사법부는 사회정의를 구현할 수 있는 마지막 보루가 되어야 한다. 그러나 대다수의 국민들은 이미 그렇게 생각하지 않고 있다. 국민들은 비싼 세금을 지불하면서도 그들에게서 정의로운 판정을 얻어내지 못하고 있다고 생각하고 있다. 스스로 가장 정직하고 원칙적이라고 주장하였던 현 대법원장마저도 언론의 추적 보도에 애매한 태도를 취하는 것은 오늘날 사법부의 현실을 적나라하게 보여주고 있다. 론스타 비리수사에 대한 검찰의 영장청구를 반복적으로 기각한 사실도 이러한 권력구조와 연관이 없는가 의심하는 사람들이 많다.

법적 판단은 칸트의 선천적 종합판단과 같은 것이다. 법적인 형식과 행위사실의 종합을 가능하게 하는 기제는 보편적이고 무당파적인 판사의 양심이다. 그러므로 검사와 판사는 자연인이 아니라 양심의 법정인 것이다.

이 책은 우리가 일상생활에서 쉽게 접할 수 있는 정의적 판단에 대한 주제들과 우리의 잘못된 교육현실과 문화정체성의 문제들에 대하여 필자의 생각들을 정리한 것이다. 전문적인 논의 주제들이지만 일상인들도 쉽게 접근할 수 있도록 현실적인 이슈들과 연결지어 살펴보았다. 이 글들은 주로 경상일보, 울산매일에 실었던 비교적 오래된 것들과 함께 최근에 울산포커스와 울산CBS노컷뉴스의 논설위원으로 활동하면서 얻은 성과들, 그리고 현재 울산여성신문의 논설위원으로서 연재하고 있는 "김진 교수의 생각하는 삶"에 투고한 글들을 주제별로 정리한 것이다.

우리나라의 사법적 정의, 교육과 연구, 그리고 문화정체성 역시 정치적인 현상으로부터 자유롭지 못하다. 개혁과 참여를 표방하였던 현 정권 역시 교육 및 연구정책에서 참담한 실패를 경험하였으며, 그것은 입시정책과 교사평가 정책, 국립대 통합문제 등에 있어서 총체적인 난국을 벗어나지 못하고 있다. 우리는 이러한 위기를 슬기롭게 극복하지 않으면 안 된다. 한 사람의 실족에 대하여 비난만 할 것이 아니라 바로 그 사실로부터 인류를 구원할 수 있는 지혜를 배워야 할 것이다.

백운산 자락의 선필마을에서

2007년 1월 18일, 김 진

# 차례

## 둘. . 교육의 이상에 대하여



## 셋. . 문화정체성에 대하여

# 하나.. 사회정의를 위한 노력

# 이명박 시장의 경우

이명박 서울시장이 대중교통체계를 혁신적으로 고치려고 하다가 된서리를 맞고 있다. 버스 전용도로가 주차장이 되고 다른 차선들은 텅텅 비어있고, 버스 카드가 제대로 인식되지 않는 등 예상치 못한 문제들이 돌출하면서 시민들이 참을 수 없게 되었기 때문이다. 성급한 네티즌들은 서울시장 소환운동을 벌이겠다고 으름장을 놓기까지 하였다. 왜 단계적으로 실시하지 않았을까 하고 모든 이들이 궁금해 한다. 이에 대하여 이시장은 서울시민과 국민들에게 겸허하게 자신의 실책을 인정하고 사과하였다.

서울시가 교통지옥이라는 사실을 모르는 사람은 없다. 이번 교통체계 개편도 사실은 이런 문제점을 일소하려는 야심찬 기획이었을 것이다. 그러나 선의의 의도와는 달리 새로운 개편 계획은 시민들의 발을 묶는 결과를 초래하였다. 서울시 당국이 최대한 신속하게 문제들을 해결하고 이전보다 훨씬 더 편안하고 신속한 교통체계로 정착시킬 것을 바라마지 않는다. 그러나 매우 유감스러운 것은 주요 방송에서 새로운 개편에 따른 시행착오와 불편을 참자고 설득하기 보다는 대중교통체계의 개선사업 자체까지도 일방적으로 매도하는 등

이시장만을 정치적으로 압박했다는 점이다.

이명박 시장은 참여정부에게 가장 껄끄러운 인물인 것이 사실이다. 이시장이야말로 정부가 명운을 걸고 추진한다는 수도 이전 사업의 발목을 잡고 있기 때문이다. 이시장의 주장을 경원시하였던 한나라당 역시 최근에는 당론을 수정하여 수도 이전 법안을 졸속으로 심의한 사실에 대하여 국민들에게 사죄함으로써 이시장의 주장에 힘을 실어 주었다. 그런데 최근 이시장에 대한 비판여론은 그가 공사를 구분하지 못하고 서울시정을 자의적으로 수행하는 동시에 특정종교의 분위기에 맞추어 서울시를 하느님께 봉헌한다는 등 매우 감성적이고 말초적인 데 포커스를 맞추고 있다. 왜 그것이 그만의 잘못인가?

서울시의 교통체계가 엉망이라면 그것을 합리적으로 개선하려는 노력이 필요하다. 서울시와 의회 및 시민단체들도 사전에 개입하여 예상되는 문제점들을 미리 점검했어야 옳았다. 문제는 사건이 발생하면 언제나 어김없이 당사자 또는 해당부서에만 집중포화를 퍼붓는다는 사실이다. 그리고 시간이 지나면 아무런 관심도 갖지 않는다. 우리는 너무 쉽게 들뜨고 너무나 무책임하게 망각하는 경향이 있다.

서울시의 사건에서도 우리는 타산지석을 발견할 수 있다. 무리한 개혁에는 피로증이 수반될 수 있다는 것이다. 그러므로 불필요한 개혁, 개혁을 위한 개혁, 그리고 자기입장을 강화하기 위한 그런 개혁은 삼가야 한다. 그러나 우리는 진정한 개혁에는 반드시 인내가 요구된다는 사실도 직시해야 한다. 조금 불편하다고 해서 선한 의도를 깔아뭉개고 왜곡하는 짓은 삼가야 한다. 그보다는 지금 총체적인 경제위기에서 헤어나지 못하고, 중요한 사회복지정책들이 예산부족으로 인하여 실행되지 못하는 이 현실에서, 천문학적 예산이 소요되는 수도 이전을 성급하게 추진해야 하는 근거가 무엇인지 생각해 볼 필요가 있다. (2004.07.05)

# 부패방지

노무현 정부의 가장 큰 성과는 부패방지위원회 기구를 활성화시킴으로써 공직자 비리문제에 경각심을 주고 있는 사실에서 찾을 수 있다. 우리는 이러한 노력이 일선 공직자들에게는 물론이고 최고 권부에 속한 측근들에게도 철저하게 적용돼야 한다고 본다. 형평성의 문제가 있기 때문이다. 추석명절을 앞두고 민원인을 직접 상대하는 공무원들은 거의 노이로제 상태에 있다고 한다. 암행감찰반원들이 언제 어디서 불쑥 나타날지 알 수 없기 때문이다. 이들의 감찰활동에 적발돼 단속된 경우는 부지기수인 것이 사실이다.

그러나 민원인을 상대하는 일선 공무원들을 이런 방식으로 감찰하는 것은 문제가 있다. 공무원들이 민원인을 기피하는 현상까지 생기는 것은 바로 그 대표적인 부작용이다. 최근 감찰활동에 적발된 농림부 차관의 경우 역시 방문객이 놓고 간 100만원이 문제가 돼 해임되는 사태에 이르렀다. 공직자들이 부정한 방식으로 뇌물이나 수혜를 받는 것은 철저하게 막아야 한다. 그러나 그와 같은 방식의 감찰활동으로 인해 공직자가 억울하게 당하는 일은 없어야 할 것이다. 민원을 처리하는 과정에서 불만을 가진 자가 얼마든지 봉투를 흘리고 갈 수 있기 때문이다. 따라서 당사자에게 충분한 소명 기회를 주는 것이 매우 중요하다.

보다 더 중요한 것은 부패방지에 대한 노력은 모든 부정한 행위가 있는 곳에 공정하게 적용돼야 한다는 점이다. 농림부 차관의 100만원 수수사건 바로 전에 청와대 홍보수석실 양정철 비서관은 대통령이 참석하는 행사경비라는 명목으로 참여 기업 측에 수억원을 요구함으로써 세간의 비판을 받은 적이 있다. 그러나 이 사건은 대통령의 가벼운 질책으로 마무리되었다. 행사책임을 맡은 정부 부서에서는 예산이 편성된 상태에서 왜 그런 해프닝이 일어났는가를 이해하지 못했다. 여기에 바로 부패와 비리의 가능성이 있음에도 불구하고 잘못된 일 욕심이라고 눈감아 준 것은 부적절하고 공평하지 못한 처사였다.

100만원을 받은 차관과 수억원을 요구한 청와대 비서관이 동일한 잣대에 의하여 처리되지 않는다면 억울해 하지 않을 사람이 어디에 있겠는가? 거기다가 이 비서관은 사건이 있을 때마다 거짓말부터 한다고 하니 더 큰 문제가 아닐 수 없다. 따라서 부정과 비리에 대해서 청와대가 자기 식구부터 원칙적으로 처리하는 모습을 보여주는 것이 필요하다.

부패방지위원회의 보고에 의하면 뇌물과 횡령 등으로 적발되어 변식된 공직자 수가 210명에 이르고 그 부패액수는 129억원에 달한다고 한다. 부패방지를 위한 노력이 배가되고 있음에도 불구하고 부정부패 행위 자체는 줄지 않고 있다는 것이다. 따라서 부방위가 모든 공공기관에 대한 암행감찰을 강화하는 것은 적절한 조처라고 할 수 있다. 그러나 거듭 강조하지만, 그것이 공직자들의 정상적인 근무활동에 부정적인 영향을 줄 정도로 무리하게 시행되는 것은 피해야 한다.

의회 및 정부의 고위 공직자들이 주식을 보유하지 않고 백지신탁 처리하는 방안을 통하여 국민들에게 투명하고 청렴한 공직자상을 마련하려고 노력하는 점은 적극적으로 평가되어야 한다. 주식의 재산가치가 정보에 의하여 좌우된다는 것은 기본 상식이다. 정부 당국자들은 정보를 직접 다루고 있으며, 또한 기업을 관리 감독하는 위치에 있기 때문에, 언제든지 주식투자를 통한 재산형성에 가장 유리한 위치에 있는 것이 사실이다.

그리고 그것은 사실상 불법인 것이다. 이 때문에 정부기관이 솔선수범하여 주식보유를 금지하는 법안을 마련하는 것은 극구 칭찬해야 할 일이다. 그러나 주식백지신탁법안의 취지와는 달리 직무와 무관한 주식을 보유할 수 있도록 예외조항을 만든다고 하니, 결국 이 역시 국민들에게 눈가림하는 것이 아닌가 하는 참담한 생각이 든다.

정치인들이 많이들 배가 고프다고 한다. 그래서 정치자금법 개정안은 성공적이라고 할 수 있다. 그런데 노대통령과 여당은 다시 이 법을 고치고 싶은 모양이다. 그러나 국민은 배고픈 정치인들을 더 좋아한다는 사실을 유념해야 할 것이다. (2004.09.20)

# 성매매법의 빛과 그늘

우리는 지금 인류역사상 가장 강력한 방식으로 성적 욕망과의 전쟁에 돌입하였다. 지난 9월 23일부터 두 개의 새로운 성매매법안이 시행되면서 경찰의 강력한 단속활동이 시작된 것이다. 두 여성장관의 의기투합, 그리고 여론의 비난을 두려워하는 대다수 남성 정치인들의 침묵으로 전격 통과된 두 개의 법안이 앞으로 어떤 후폭풍을 일으킬지는 더 두고 볼 일이지만, 법률 입안자들의 생각대로 성매매가 우리 사회에서 사라지게 될 것인지, 아니면 이전보다 더 나쁜 결과를 초래하게 될 것인지는 아직 단언할 수 없다. 그러나 분명한 것은 성적 욕망에 대한 기제는 그 어떤 권력으로도 통제할 수 없다는 것이다.

현재 시행 중에 있는 성매매법은 성매매피해자의 인권을 보호하기 위한 조처로서 피해여성을 처벌하지 않으며(6조1항), 선급금 등 불법행위를 위한 채권을 무효화한다는 규정(10조)을 두었다. 실제로 이 규정은 시행 당일부터 상당한 효과가 있었다. 또한 이 법은 인신매매, 약물사용, 폭행 및 협박으로 성매매에 강제적으로 종사하게 한 경우에 10년 이하의 징역 또는 1억원 이하의 벌금(18조), 알선 및 광고행위 등은

3년 이하의 징역 또는 3천만원 이하의 벌금(19, 20조)이라는 강력한 벌칙 규정을 두었다. 이 법의 근본 취지가 불법적인 미성년자 고용, 감금, 착취 등을 징벌하고 선급금 제도 등에 의하여 성 노예 행위를 강제하는 악질적인 업주를 단속하는 것으로 그쳤다면 좋았을 것이다.

그러나 이 법안은 모든 성매매자를 1년 이하의 징역이나 300만원 이하의 벌금형에 처한다는 강화된 처벌 규정으로 인하여 자발적으로 성매매에 종사하는 여성들의 생계수단을 일시에 박탈하는 문제점을 안고 있다. 성매매 피해여성들을 구제하기 위한 여성단체들의 노력에 대하여 이들이 오히려 적대시하는 것은 자신들에 대한 법률적 배려를 전혀 고려하지 않았기 때문이다. 여성의 적이 여성이라는 사실은 엄청난 패러독스이다.

수 백 명에 달하는 성매매 종사자들이 신분상의 노출위험을 무릅쓰면서까지 반대데모를 시도하고, 생계를 잃은 여성 종사자가 자살하는 이유는 바로 여기에 있다. 그들은 자신들의 직업을 국가권력과 여성단체에 의하여 강탈당했다고 생각한다. 그들에게 필요한 것은 수개월 이상의 교육훈련이 아니라 자신과 가족들의 생계비이며, 이것까지 정부가 보장해주지 못하는 한 성매매 행위는 어떤 형태로든지 계속될 것이다.

동시에 사적인 공간에서 이루어진 성행위의 단속은 법적 근거가 없기 때문에, 앞으로의 성매매는 훨씬 더 조직적으로 사적인 방식을 취하게 될 것이고, 이 때문에 섹스산업은 보다 높은 고부가가치산업으로 탈바꿈할 것이 분명하다. 그에 따른 성범죄의 수사비용 및 공중보건상의 문제 등은 또 다시 우리가 떠안아야 할 부담인 것이다. 새로운 성 풍속도가 자리잡게 될 경우에 성매매법의 존재가치는 자동적으로 상실하게 될 것이다. (2004.10.11)

# 섹스보안법과 이념논쟁

지난 9월 23일부터 시행된 성매매법에 대한 시각 차이가 갈수록 벌어지면서 새로운 이데올로기 논쟁으로 전개될 조짐을 보이고 있다. 한나라당의 모 의원이 10월 11일 국회 행자위 국정감사에서 성매매법의 시행으로 결혼 적령기의 성인들이 성관계를 가질 수 없게 되었다고 지적하자, 여성단체들은 의원 자격도 없는 사람이라고 일제히 그를 비난하였다. 탄핵정국에 이어서 성매매정국이 시작된 것이다. 그에 앞서 성매매업에 종사하는 수천명의 여성들은 성매매법의 졸속 시행을 규탄하는 대규모 집회를 열었으며, 여성단체들의 주장이 지나치게 일방적이라고 항의하였다.

법안이 통과된 배경과 과정이 신행정수도특별법과 너무나 닮아 있는 것도 특징적이다. 시행 후의 부작용에 대한 충분한 검토 없이 몇몇 입안자들의 도덕적 이상만을 반영한 것은 법 제정의 일반원리에 부합되지 않는다. 여성단체들의 절대적인 지지를 바탕으로 두 여성장관이 입법을 주도함으로써 비난 여론 및 낙선운동을 의식한 대다수의 남성 정치인들이 침묵하는 가운데 전격 통과된 것은 절차적 정의에 어긋난다. 성매매법의 시행으로 이미 수 천 명이 입건 대상이 되고 있으며, 이대로 갈 경우에 70년대의 국가보안법보다 더 치명적인 악법으로 군림할 가능성이 높다. 국가보안법을 폐지하겠다는 정부가 섹스보안법으로 국민을 구속한 것이다.

현재 시행 중에 있는 성매매법은 불특정인을 상대로 하여 금품 등을 수수할 목적으로 이루어지는 성매매 및 알선행위, 그리고 성매매 목적의 인신매매 행위 등을 처벌 대상으로 한다. 특히 이 법은 인신매매, 약물사용, 폭행 및 협박으로 성매매에 종사하게 한 경우에 10년 이하의 징역 또는 1억원 이하의 벌금에 처하는 강력한 벌칙 규정을 두었다. 이 법은 미성년자의 불법고용, 선급금에 의한 감금 및 착취 등을 일삼는 악질적인 업주를 강력하게 처벌하는 동시에, 피해여성을 구조하여 자활, 갱생할 수 있도록 장려하는 것을 목적으로 하고 있다. 우리는 이와 같은 취지에는 적극 찬성한다.

그러나 새로 시행된 성매매법은 불특정 다수를 상대로 거래하는 모든 성행위를 처벌하도록 되어 있다. 즉 성매매자뿐만 아니라 자발적으로 성매매에 종사하는 여성들에 대한 처벌을 강화한 것이다. 그러나 인간의 기본적인 욕망을 국가가 나서서 강력하게 규제하는 것과, 그것도 다른 구성원들에게 피해를 주지 않는 계약 및 거래 행위를 형법이나 특별법으로 처벌하는 것은 상식에 반하는 조처이다.

성매매 피해여성들이 자신들을 구제하려는 여성단체들을 적대시하는 것은 자신들의 열악한 생존조건들이 그들의 도덕적 구호보다 더 우선하기 때문이다. 수 천 명에 달하는 성매매 종사자들이 신분상의 노출위험을 무릅쓰면서 반대데모를 시도하고, 심지어 자살하는 사태에 대하여 정부와 여성단체는 그들의 목소리를 들어야 한다.

정부가 성매매업 종사자들의 생계수단을 특별한 대책 없이 일시에 박탈한 것은 무책임한 일이다. 최근 언론에 발표된 통계자료에 의하면 성매매업의 연간 매출액 규모는 24조원이며, 33만 여 명의 여성들이 종사하고 있다. 이는 이삼십대 취업여성의 약 8%에 해당되는 엄청난 수치이다. 경제적으로 24조원의 매출액과 직접 관련된 파생효과 역시 무시할 수 없으며, 실제로 모텔 등 유흥숙박업소에 대출한 은행들에게까지 여파가 있다고 한다. 한국경제연구원의 좌승희 원장이 인간의 기본적인 성욕을 규제하는 성매매법이 인권침해적인 좌파정책이라고 비판한 것은 바로 이런 맥락에서일 것이다.

성매매행위에 대한 법적 규제의 수준은 소수의 여성장관이나 여성단체의 높은 도덕성으로 정할 것이 아니다. 그것은 일상적 삶의 요구를 반영한 사회적 합의이어야 한다. 연애, 결혼 등을 통한 정상적인 성행위 역시 사회적 관습의 산물일 뿐이지 금품거래로부터 자유로운 것은 아니며, 그것이 성매매보다 도덕적인 우위를 갖는다고 볼 수도 없다. 현행 성매매법은 앞으로의 섹스산업을 보다 사적인 영역으로 내몰아 구매비뿐만 아니라 수사비 및 공중보건비 등에서도 비용 부담만 가중시킬 것이다. (2004.10.17)

# 경제탕평책

노대통령은 지금도 여전히 우리 경제에 걱정할 것이 없다고 말한다. 방송 토론에 나온 정부와 여당의 대표들 역시 이구동성으로 경제를 낙관적으로 전망한다. 그런데 지금까지 우리 경제에 문제가 없다고 일관되게 주장해 온 정부와 여당이 경기부양책의 일환으로 신뉴딜정책을 대대적으로 벌이겠다고 하니 쉽게 납득되지 않는다. 그것도 정부재정 이외에 국민들의 몫인 연·기금까지 투입하면서 말이다.

MBC 방송의 "여성시대"에 출연한 노대통령은 서민들의 애환에 복받치는 눈물을 억제하지 못했다고 한다. 사람들이 사는 세상이라 슬프고 애틋한 사연은 얼마든지 있을 수 있다. 그런 사람들은 대통령이 직접 도와줄 수도 있고, 다양한 구제기금을 통하여 지원할 수도 있다. 그러나 그런 사연들이 한둘에 그치는 것이 아니라 우리 사회 전체의 지배적인 현상이 되었다는데 그 심각성이 있다.

더 큰 문제는 이러한 서민들의 애환을 노대통령이 본질적으로 접근하는 것이 아니라 감상적으로 받아들인다는 것이다. 국가 권력의 총체적 운용에 대한 무한책임을 느껴야 할 대통령이 경제 위기의 원인을 직시하는 대신에 IMF 구제금

융과 가계부채 증가 때문이라고 변명한 것은 후안무치하다 아니할 수 없다. 서민경제가 어려운 것은 바로 노대통령의 경제정책 때문이라는 사실을 모르는 국민들은 없다. 그것을 노대통령만 모르고 있다면 정말 웃기는 일이다.

서민들에게 보다 많은 분배를 추구하고자 했던 노무현 정부의 경제정책이 그렇게 잘못된 것만은 아니다. 그와 같은 정책은 오히려 바람직하고 권장되어야 할 측면이 많다. 그러나 서민경제가 따로 있는 것은 아니다. 기업이 안심하고 투자할 수 있는 환경을 만들어서 고도성장을 기대할 수 있어야 그 풍요가 비로소 서민들에게까지 미치게 되는 것이다. 그러나 노무현 정부는 기업에 대한 과도한 제스추어 때문에 분배정의를 구현하기는커녕 서민경제를 이전의 상태보다 더 악화시키고 말았다. 정부와 여당이 추진하고 있는 입법 프로그램들은 하나같이 우리 사회를 분열시키고 갈등을 부추기는 직접적인 요인이 되고 있다. 기존사회보다 더 나쁜 결과를 초래하는 정치행위는 개혁이 아니라 개악이다.

진단이 잘못되면 바른 처방을 기대할 수 없다. 우리 경제에 아무 이상도 없다면 신뉴딜정책같은 것을 구상할 필요도 없을 것이다. 그런데 정부는 지금 그런 일들을 서두르고 있다. 우리가 걱정하는 것은 도대체 정부와 여당이 무엇을 문제라고 보고 있으며, 그것을 풀기 위하여 어떤 대책을 내놓고 있는가가 분명하지 않다는 것이다. 오히려 정부와 여당은 자신들이 그동안 추구하였던 신행정수도 이전을 대체할 수 있는 방안으로 신뉴딜정책을 구상하는 것처럼 보인다. 그렇다면 이런 대책들은 작금의 경제위기를 극복할 수 있는 방안으로서는 부적절할 수도 있다.

우리가 정부의 경제정책을 신뢰하지 못하는 이유는 바로 거기에 있다. 우리가 알고 싶어하는 것은 정부와 여당이 현재의 경제위기를 정확하게 바라보고 있으며, 그것을 극복하기 위하여 적절한 대책을 마련하고 있는가이다. 우리의 경제현실에 대한 잘못된 진단은 국가적 위기를 불러올 수 있다. 지난 IMF 위기에 대하여 우리 경제학자들은 그들 내부조직에 의하여 유도된 측면이 많다고 지적하고 있다. 그런데 유독 노대통령만이 내년에 우리의 경제가 신장될 것이라는 IMF 측의 발표에 의존하는 이유는 무엇인가?

정부와 여당은 현실에 대한 바른 이해를 가지려고 애써야 한다. 탄핵 이후 두 번의 지방선거에서 참패하고도 자신들의 정치적 이익만 추구하려는 태도는 반국민적이고 반국가적이다. 만일에 잘못된 경제정책을 입안하여 실패하기라도 한다면 그 피해는 고스란히 서민들에게 돌아갈 것이다. 국민연금과 각종 기금들마저 투자 실패에 따른 후폭풍을 맞게 될 경우에 우리 경제는 파탄상태에 빠지게 될 것이다. 이런 때일수록 반대적인 생각을 가진 사람들에게도 지혜를 구하는 열린 마음을 가져야 한다. 지금 우리 국민들이 바라는 것은 바로 경제탕평책인 것이다. (2004.11.08)

# 즉결심판 문제 많다

필자는 우연한 기회로 2004년 12월 3일(금) 9시 30분, 울산지방법원 104호 재판정에서 열린 즉심재판을 참관하게 되었으며, 우리나라의 재판이 원칙 없이 이루어지고 있다는 사실에 충격을 금할 수 없었다. 판사의 법 적용이 너무나 자의적이었고, 유사사건들에 대한 형평성 시비를 불러일으키고 있었기 때문이다. 즉심판결 후에 시민들이 분노하는 모습을 현장에서 직접 목도할 수 있었다.

교통법규 위반의 경우에는 일반적으로 경찰과 시민의 주장이 상반되는 경우가 많으며, 판사는 즉심절차법 제4조에 명시된 경찰 측의 서류와 증거물, 그리고 동법 제9조에 명시된 피고인의 진술을 바탕으로 판단해야 한다. 그러나 즉심에서는 증거물 대신에 단속경찰의 증언만으로 선고하는 것이 관행처럼 되었다. 더 큰 문제는 다툼이 있는 사건에서 판사가 경찰관의 진술에 대한 증거능력을 절대적인 것으로 인정하면서도, 어떤 경우에는 이를 번복함으로써 형평성의 위기를 초래한 데 있었다.

판사는 증거물이 제시되지 않은 다툼의 상황에서 경찰의 증언을 증거와 같은 것이라고 반복적으로 강조하였다. 그러나 경찰의 공적 행위와 시민들의 이익제기 사이에서 사법적 판단을 내려야 할 판사가 처음부터 원고측의 증언을 무조건적인 것으로 간주한다면, 자신이 관장하는 재판의 존재이유를 그 스스로 부정하는 것이 된다. 그런 태도는 동시에 제9조에 규정된 피의자의 진술 권리 및 증거 관련 조항을 무의미하게 만든다.

고의성이 없더라도 위반사실이 드러나거나, 상반된 경찰의 진술에 피고인이 격앙된 반응을 보이면 판사는 어김없이 벌금을 부과하였다. 그러나 노란불에 진입한 어떤 여성 운전자의 경우에는 위반사실이 분명하게 드러났음에도 불구하고 유예 처분을 하였다. 얌전하고 다소곳하게 보였기 때문이다. 이는 즉심제도가 순종을 강요하였던 일제시대의 유물이라는 점을 여실히 보여준다.

교통법규 위반을 단속하는 경찰들의 주장 속에서 시민들이 일방적으로 당할 수밖에 없다는 사실을 확인할 수 있었다. 경찰들은 운전자가 면허증을 제시하면 법규 위반을 인정한 것으로 간주하였고, 억울하다고 항의하는 운전자가 면허증을 제시하지 않을 경우에는 공무집행 방해죄를 추가하였다. 즉심에 가더라도 거의 패소한다는 사실을 알고 있는 시민들이 다툼에 지쳐서 소액의 스티커를 요구하는 경우에도 위반사실을 인정한 것으로 간주된다. 어떤 경우이든지간에 현행의 제도 아래서는 선의의 피해를 당한 시민들이 구제받을 길은 없었다.

휴대폰 사용으로 적발된 한 남성 운전자의 경우, 경찰은 운전자가 왼손으로 휴대폰을 사용했다고 주장하고, 운전자는 옆에 앉은 친구가 한 것이라고 각각 다르게 주장하자 판사는 기각 결정을 하였다. 자신의 법정에서 그 자신이 강조한 경찰 무오류성의 원칙과 판례 정신을 이유 없이 번복했던 것이다. 다른 사건들에서는 경찰의 무오류성에 기대어 판결을 내린 판사가 유독 이 사건에서는, 경찰이 명백하게 보았다고 주장하고 이를 반증할만한 뚜렷한 증거가 제시되지 않았음에도 불구하고 기각 처분을 내림으로써 형평성 시비를 불러일으켰다.

휴대폰 사용으로 적발된 다른 여성 운전자의 경우에 판사는 직접 목격했다고 주장하는 경찰이 거짓말을 할 이유가 없다고 하면서 다시 벌금형을 선고하였다. 그 여성은 휴대폰 사용 내역서를 증거물로 제출하고 통화 사실이 없었다고 주장하였으나 판사는 이를 무시하였다. 이 판결에 분노한 그 부인은 온몸을 부르르 떨고 있었다.

대개의 경우 일반 시민들은 즉심판결을 통하여 사법부와 처음 만나게 되며, 그것은 우리의 사법적 정의에 대한 선입견을 갖게 한다. 판사가 증거 없이 제멋대로 판결하게 되면, 정식재판에 가더라도 달라질게 없다는 법 허무주의가 확산될 수 있다. 판사는 신이 아니다. 따라서 판사는 자신이 세운 원칙이나 판례 정신이 자신의 법정에서만큼은 일관되게 유지되도록 노력해야 한다. 판사에게 부여된 양심의 원칙과 재량권은 마음대로 판결해도 된다는 것을 뜻하지 않으며, 그것은 바로 보편적 입법의 원리에 부합되게 판단하라고 주어진 것이다. (2004.12.06)

# 세상은 아직 타락하지 않았다

지난 주 금요일 밤, MBC의 "신강균의 사실은"이 갑자기 취소되고 영화가 상영되고 있었다. 이 방송팀에 소속된 이상호 기자가 신강균 앵커와 함께 주식회사 태영의 부사장에게 술 접대와 더불어 고가의 구찌 핸드백을 선물로 받았다가 되돌려준 사실이 드러났기 때문이다. 이 프로그램은 한 때 SBS와 주식회사 태영의 내부담합 의혹을 집중적으로 보도한 적이 있었다.

10년을 방송국에서 근무하면서 집 한 칸 마련하지 못하고 전세살이를 하는 것이나, 100만원이 넘는 핸드백을 못이긴 채 받아쓰지도 못하고 다시 돌려주는 것을 보면 이상호 기자는 확실히 무능하고 못난 남편이 분명하다. 그의 양심고백으로 당사자들이 곤란하게 되기는 하였지만, 사명감을 가진 기자 한 사람이 꿋꿋하게 버팀으로써 이 세상과 사회가 아직 건재할 수 있는 것이다.

지난 5일 참여연대는 청와대의 이기준 교육부총리 지명을 철회하라고 공식 요구한 바 있다. 서울대 총장 시절의 판공비 사용과 대기업 사외이사 경력이 불법적인 것으로 밝혀져서 중도하차한 인물을 교육계의 수장으로 천거한 청와대의 인사 시스템도 문제 삼았다. 김우식 비서실장과 40년간의 지기로 알려진 이부총리를 옹호하기 위하여 김종민 청와대 대변인, 이병완 홍보수석, 정찬용 인사수석이 나섰으나 여의치 않자 노무현 대통령이 직접 나서는 해프닝까지 벌어졌다. 그러나 여론의 압력을 받은 이부총리는 임명된 지 57시간 만에 결국 사퇴할 수밖에 없었다.

제아무리 능력이 많은 사람이라 하더라도 도덕성이 결여되어 있으면 공익을 해칠 수 있다. 참여연대와 같은 비판적인 사회단체가 이런 문제를 바로 짚어줌으로써 노무현 정권에 대한 맹목적인 지지그룹이라는 오해를 떨치게 된 것은 매우 다행스러운 일이다. 청와대의 보좌진들 역시 이 일을 타산지석으로 삼아 문제를 정확하게 처리하려고 노력해야 할 것이다.

한편 서울고법 민사23부(부장판사 김경종)는 미성년자 성매매범으로 기소되었다가 무죄판결을 받은 회사원 김모씨(48)가 국가를 상대로 제기한 손해배상 청구소송에서 원고패소판결을 내림으로써 세간의 비난을 사게 되었다.

김씨는 2001년 7월 인터넷 채팅으로 만나 10만원을 받고 원조교제를 했다는 황모양의 일방적인 진술에 의하여 기소되었다. 검찰이 제시한 증거는 황모양의 진술과 그녀의 핸드폰에 남아있는 김씨의 전화번호였다. 그러나 이 전화는 김씨의 아들이 사용하고 있었으며, 그녀의 친구가 김씨의 아들에게 전화한 사실이 조사과정에서 드러났다. 그녀 역시 검찰이 위협하여 거짓말을 했으며, 번복하면 김씨가 손해배상을 청구할 것이라고 겁을 주었다는 것이다.

재판부는 2002년의 대법원 판례를 들어서 "형사재판에서 증거불충분으로 무죄판결이 확정됐다고 해서 검사의 구속이나 공소제기가 위법하다고 할 수 없고 경험이나 논리 원칙상 도저히 합리성을 잃은 경우에만 위법성을 인정할 수 있다"고 판시하였다. 여기에서 판사는 합리성을 잃은 경우를 "고문이나 잠을 안 재우고 밤샘수사를 한 것 등이 명확하게 밝혀진 경우"로 한정하는 듯하다. 그러나 이런 행위들은 합리성의 범주를 넘어서서 위법성에 해당된다.

재판부는 대법원의 판례 자체를 엄격하게 해석한 것 같지 않다. 판례에서 적시한 경우는 범죄 사실에 대한 심증이나 정황은 인정되나 증거불충분으로 풀려나온 케이스에 해당될 것이다. 그러나 검찰이 위증 사실의 번복을 방해하거나 불성실한 수사로 인하여 죄가 없는 사람을 기소하였고, 그로 인하여 심각할 정도의 인권을 유린했다면, 이는 일반적인 상식이나 경험논리로 볼 때 명백하게 합리성을 잃은 경우에 해당된다.

언론에 알려진 사실만으로도 황모양이 거짓으로 증언한 것이 검찰의 수사관행과 연관이 있고, 사실 확인에 신중을 기하지 못한 수사로 인하여 3년 동안 미성년자 성매매범으로 낙인찍혀 죽지 못해 살아온 김씨의 입장을 조금만 고려했더라도 이 같은 막무가내 판결은 나오지 않았을 것이다. 재판부의 판결에 대하여 네티즌들이 분노하는 것은 이 세상이 아직 타락하지 않았음을 보여준다. (2005.01.08)

# 골프 도박 논쟁

대한민국 정부가 수립된 이후 지금처럼 사법부가 주목을 받고 있는 때는 없을 것이다. 탄핵심판과 수도이전 위헌 판결로 헌법재판소가 전 국민의 주목을 받았으며, 신문법에 대한 헌법소원이 제기되어 앞으로도 언론의 집중적인 조명을 받을 것이 분명하다.

새만금 간척사업과 천성산 터널공사 등 정부의 대형 국책사업들이 주민들이나 환경단체의 민원 또는 법정소송 등으로 제동이 걸린 상태에 있으며, 이 문제를 바라보는 사법부의 태도 역시 전과 같지 않다. 한 비구니의 목숨을 건 단식투쟁으로 인하여 천성산 터널공사가 이미 중단된 상태에 있으며, 여기에는 법원이 제시한 조정안의 역할도 일조했다고 판단된다.

특히 새만금사업을 계속 추진하려면 농지조성을 주 목적으로 제시하였던 기존의 사업계획을 변경 또는 취소해야 한다는 서울행정법원의 1심판결은 정부에 대하여 사실상 패소 판정을 내린 것이나 다름이 없다. 여의도 면적의 140배에 달하는 1억 2천만평의 농지와 담수호 개발을 목적으로 하는 이 사업은 군산에서 부안에 이르는 33km의 방조제 공사가 하이라이트이며, 이미 92%의 공정이 진행되어 2.7km 구간의 끝물막이 공사만 남겨놓고 있는 실정이다.

이처럼 사법부의 판결이 그 어느 때보다 주목을 받고 있는 상태에서 서울남부지법은 억대의 내기골프행위에 대하여 무죄를 선고함으로써 세간의 빈축을 사고 있다. 이 사건을 맡은 담당판사는 지난 해에 양심적 병역거부자에 대한 1심판결에서 무죄 선고를 하여 논란을 불러일으켰던 바로 그 장본인이어서, 법조인의 교양 및 가치관 문제에 대하여 반성할 것을 촉구하고 있다.

담당판사는 골프내기는 비록 억대의 돈을 걸었더라도 '우연에 의해 재물의 득실을 경정하는 행위'로 볼 수 없으므로 형법 246조가 규정하는 도박죄에 해당되지 않는다고 판정하였다. 골프경기에서의 승부는 선수들의 실력과 기량에 의하여 좌우되기 때문에 승부의 우연성에 매달리는 도박과 다르다는 취지이다. 그러나 우리는 담당판사의 판정취지가 도박에 대한 잘못된 개념 이해에서 비롯된 것이 분명하며, 그가 판례와 입법취지를 지나치게 자의적으로 해석했다고 지적하지 않을 수 없다.

일반적인 정의나 대법원의 기존 판례로 볼 때 도박(賭博)은 "재물을 걸고 우연한 승부에 의하여 그 득실을 결정하는 행위"이다. 여기에서 말하는 '우연한 승부'는 일반적으로 화투나 카드놀이뿐만 아니라 장기와 바둑은 물론이고 골프와 축구같은 스포츠경기까지 해당된다. 화투와 카드놀이는 돈을 거는 경우에만 흥미있는 승부를 할 수 있지만, 골프와 축구의 경우에는 도박행위와 관계없이 경기 자체로만 흥미를 유발할 수 있다.

그러나 이 모든 경우에 최종적인 승자를 확정적으로 단정할 수 없다는 공통점이 있다. 실력의 우열이 분명한 국가대표팀과 청소년대표팀의 경기에서도 그 승부를 단정적으로 말할 수는 없다. 예상치 못한 결과가 일어날 수 있으며, 모든 경기의 승부에는 이같은 우연성이 있다. 그러므로 골프경기는 스포츠이기 때문에 승부의 우연성이 희박하며, 그 경기에 돈을 거는 행위는 도박이 아니라는 재판부의 판정은 상식에 반한다.

또한 재판부는 골프도박 행위를 골프대회의 우승자들이 받는 상금과 같은 것으로 왜곡하였다. 우리는 바로 이 사실에서 담당판사의 이성이 극단적으로 잘못되어 있다는 사실을 지적하지 않을 수 없다. 도박과 상금은 분명하게 구분되는 것이다. 선수들이 경기대회에 나가서 상금을 타는 행위는 도박의 개념에조차 해당되지 않는다. 형법 246조가 규정하는 도박죄는 모든 도박행위를 처벌하고자 하는 것이 아니다. 정부의 통제와 관리 하에서 실시되고 있는 로또, 복권, 카지노, 경마장 등에서의 도박행위는 처벌하지 않는다.

내기골프가 도박이 아니라면 앞으로 모든 형태의 불법 정치자금과 비자금은 합법적으로 수수될 수 있을 것이다. 수뢰자가 경기에서 이길 경우에 합법적으로 돈을 건네받을 수 있고, 질 경우에도 주지 않으면 되기 때문이다. 사법부의 역할이 커진 만큼 재판부는 최종적인 양심의 판단으로서 부족함이 없도록 최선을 다해야 할 의무와 책임이 있다.

(2005.02.21)

# 투명사회가 보인다

공직사회가 갈수록 투명해지고 있다. 우리는 최근 주요 공직자들이 부동산 투기 등 부정적인 과거사 문제로 인하여 잇달아 추방되는 사태를 바라보면서 노무현 정부의 인사시스템에 문제가 있다기 보다는 우리 사회가 점점 더 투명해지고 있다는 긍정적인 시그날로 받아들이고 싶다.

청와대가 서울대학교 총장 재직시 도덕성 문제로 물러났던 이기준씨를 그보다 상위직책인 교육부총리에 지명했다가 국민들의 지탄을 이기지 못하고 철회한 것은 우리의 공직사회를 보다 더 투명하게 만든 직접적인 계기가 되었다.

이헌재 경제부총리가 부동산 투기의혹에 대한 여론의 비난을 견디지 못한 채 물러날 때만 하더라도 청와대는 그의 사임을 여론몰이에 의하여 장수를 잃은 것처럼 찜찜하게 받아들였다. 아직 사실 확인도 되지 않은 상태에서 고위공직자를 물러나게 하는 것은 국가적 손실이기 때문일 것이다.

그러나 최영도 국가인권위원장이 농촌 위장전입을 통하여 부동산을 매입했다는 사실이 밝혀지면서 국민의 충격은 걷잡을 수 없게 되었다. 이분은 오랫동안 시민단체에서 봉사했을 뿐만 아니라 개인적으로도 의로운 일을 해왔기 때문이다.

본인 스스로도 무슨 악의를 갖고서 범죄를 저지른 것도 아니고 지난 시절의 일반적 관행에 따른 것이므로 국가에 대한 마지막 봉사를 다하고 싶다는 소망을 비추기도 하였다. 그러나 국민들은 용납하지 않았다.

신임 경제부총리를 인선하는 과정에서 인구에 회자되던 주요 인사들이 모두 배제되고 의외의 인물이 발탁된 배경 역시 국민들의 높은 도덕성 요구 때문이었다. 최근에 다시 강동석 건설교통부 장관이 친인척의 부동산 매입과 아들의 인사청탁으로 매스컴의 표적이 되었다가 결국 사의를 밝히게 된 것 역시 과거 어느 정부에서도 볼 수 없었던 새로운 풍속도에 틀림이 없다.

지금까지 우리는 공직자를 권력자로 인정해 왔다. 그들은 권력을 잡기 위하여 수단과 방법을 가리지 않았으며, 한번 권력을 붙들기만 하면 온갖 술수를 동원하여 치부하는 자들로 각인되었다. 일부 부정한 공직자들의 부정부패로 인하여 우리의 공직사회는 사회악의 온상으로 여겨졌다. 이처럼 부정적이기만 하였던 공직사회에 대한 인식이 현저하게 달라지고 있는 것이다.

공직자는 더 이상 권력자가 아니다. 우리가 선진사회로 진입하기 위해서는 보다 투명하고 깨끗한 공직 기강을 확립해야 한다. 공직자는 마땅히 국민을 위한 봉사자이어야 하고, 시민을 섬기는 심부름꾼이 되어야 한다. 아직도 자신이 권력을 휘두를 수 있다고 생각하는 공직자가 있다면 머지않아 도태될 것이 분명하다.

능력은 공직자의 주요 덕목이 될 수 있다. 그러나 그보다 더 중요한 것은 품성이요 도덕성이다. 능력이 많더라도 부도덕한 사람이 우리에게 끼칠 수 있는 위험은 치명적이다. 도덕성은 결코 부차적인 기준이 아니다. 현대사회에서 도덕적 기준의 강화는 새로운 경쟁력의 원천이 되고 있다.

지금 세계는 과거의 어느 때보다도 도덕성을 중시하고 있으며, 국제외교와 정치권은 물론 기업과 교육 등 모든 영역에서 윤리적 지침을 강화하고 있다. 공직윤리, 경제윤리, 공학윤리, 환경윤리, 연구윤리, 의료윤리 등 모든 학문분야에서 도덕성이 요구되고 있는 것이다. 현재 강력한 노벨상후보자로 회자되고 있는 황우석 박사팀에게 가장 큰 벽은 역시 생명윤리에 관한 지침들이다.

최근에 사법부가 선거법을 엄격하게 적용하여 의원직을 상실하게 하는 것 역시 공직자에 대한 국민들의 기대치를 반영한 것이다. 지금 우리 사회가 고위공직자에 대하여 높은 도덕적 기준을 요구하고 있는 것은 긍정적인 현상이다. 고위공직자는 모든 사업의 기획 단계는 물론이고 추진과정과 완성에 이르기까지 절차적 정의를 확보해야 하고 시민들의 상식수준에 거슬리지 않도록 일해야 한다. 잘못된 행정행위에 대한 책임도 강화시켜야 한다. 이러한 변화는 바람직한 것이며, 결코 거부할 수 없는 대세이다.

우리 사회를 보다 투명하게 가꾸는데 앞장서야 할 교수, 법조인, 방송인, 민간단체조차도 도덕성을 잃고 헤매는 현상에 대하여 우리는 철저하게 경계하지 않으면 안 될 것이다. (2005.03.28)

# 배려와 성의

서울시가 복원된 청계천에 한강 물을 흘려보내자 서울시민과 전 국민들은 그 시원스러움에 탄복해마지 않았다. 그러자 느닷없이 수자원공사는 서울시에 연간 17억원의 물 값을 요구하였다. 한강의 물을 끌어다가 사용했기 때문이란다. 서울시는 한강물을 잠깐 돌려놓았다가 다시 유입시킨 것일 뿐이므로 사용료 징수는 천부당만부당하다는 입장이다. 수자원공사가 봉이 김선달일까, 아니면 서울시가 시침떼기일까?

검찰과 경찰은 지금 총수까지 나서서 수사권 문제로 대결양상을 보이고 있다. 이는 정치권의 세다툼과 어우러지면서 새로운 권력투쟁의 모습을 띠고 있다. 두 기관은 서로의 잘못을 국민들에게 홍보하면서 자신들만이 정의의 수호자라고 주장하고 있다. 정부와 여당은 무소불위의 검찰을 제어하기 위해서 필요한 조치라고 하지만, 엄청난 병력과 조직을 갖춘 경찰에게 수사권까지 부여한다면, 지금의 검찰보다 더 막강한 권력기관이 탄생하는 것은 아닐까?

배아줄기세포의 복제에 성공한 황우석 교수가 가장 염려하는 것은 바로 생명윤리학자들의 비판이었다. 그래서 그는 국내의 비판여론이 견딜 수 없을 정도에 이르면 한국을 떠날 수도 있다고 천명하였다. 그러나 한국생명윤리학회의 비판에 이어 한국가톨릭주교회의에서도 배아줄기세포 연구가 비인간적이라는 반대성명을 발표하였다. 그의 손은 인간을 살리는 마이더스의 손인가, 아니면 인류를 파멸에 이르게 하는 프랑켄슈타인의 손인가?

노무현 정부의 야심작이라고 할 수 있는 행정복합도시와 중앙부처의 지방이전에 대한 여론조사 결과가 부정적으로 나오면서 그 실현 가능성 여부에 관심이 쏠리고 있다. 지방분권에 종사하는 공무원을 대상으로 조사한 결과 45.7%만이 행정도시가 계획대로 진행될 것이라고 생각하였다. 또한 중앙부처의 지방이전에 대해서도 37.8%만이 그 정당성을 인정하였다. 이는 두 사업의 의사결정 과정에 왜곡된 힘의 논리가 작용했음을 암시하고 있다.

최근에 빈번하게 발생하는 동아시아의 과거사 논쟁으로 인하여 한국, 중국, 일본의 갈등은 점차 극단화되는 양상을 보이고 있다. 이는 국수주의 및 민족주의와 결합되면서 단순한 역사논쟁의 차원을 넘어서서 국가간의 힘겨루기로 비화되고 있다. 타협점을 찾지 못하는 가장 큰 이유는 이 논쟁이 동아시아 전공자들에 의해서가 아니라 각국의 국사학자들에 의하여 주도되는 데 있다. 국사학자들의 국수주의적 해석은 국가간의 분쟁을 확대할 뿐이다. 따라서 타국의 역사와 문화를 이해할 수 있는 고대 동아시아사 영역의 전공학자들을 배출하는 것은 이 문제를 해결할 수 있는 첩경이다.

지금 우리 사회는 수많은 의사소통공동체와 그들의 이익주장으로 엄청난 갈등에 휩싸여 있다. 개인과 개인, 개인과 사회, 개인과 국가, 사회와 국가, 국가와 국가 간의 무수한 갈등들이 해결되지 않은 채로 얽혀 있다. 이처럼 갈등이 쉽게 풀리지 않는 이유는 자기만의 이익을 생각하고 상대방에 대한 배려와 성의가 부족하기 때문이다. 어떻게 보면 이들 당사자들 모두 나름대로의 선(善)을 지향하고 있으며, 그에 대한 논변 역시 합리성을 띠고 있다. 그러나 하나의 선(善)은 다른 선(善)과 충돌할 수 있으며, 이 경우에 상대방에 대한 배려나 성의가 부족하면 갈등과 혼란에 휩싸이게 된다.

(2005.06.06)

# 울산지법, 교회법을 유린하다

교황청이 파송한 신부에 대하여 국가 법원이 자격 정지를 시키거나 다른 신부를 대신 파송할 수 있는 것일까? 어느 누구나 부당하다고 생각할 것이다.

최근 울산지방법원이 헌법에 명시된 정교분리의 원칙을 정면으로 거부하는 판결을 잇달아 내림으로써 기독교계는 물론이고 종교계 전체를 뒤흔들어 놓고 있다. 이 사건은 울산지역에서 비교적 규모가 컸던 N울산교회가 성전 신축을 위한 담보대출을 하면서 담임목사의 횡령사건이 터지게 되었고, 그 이후 교회 내부에 고질적인 알력이 생기게 되면서, 법정분쟁으로까지 비화되는 과정에서 발생하였다. 재판부가 두 차례에 걸친 판결에서 교회 구성원 다수의 의견보다는 소수에 불과한 원고 측의 의견을 일방적으로 반영함으로써, 불공정한 판결이라기보다는 아예 '몰상식한' 결정이라는 불만들이 터져 나오는 가운데, 정기총회를 앞두고 있는 대한예수교장로회(합동) 울산노회(노회장 심기영 목사)가 아직 공식 입장을 유보하고 있어서 그 귀추가 주목되고 있다.

울산지방법원 제3민사부는 2005년 11월 4일 한 교인이 제소한 '장로직무집행정지가처분(사건번호2005카합964: 판사

박희승[재판장], 판사 김수엽, 판사 구현모)' 신청을 받아들여 N울산교회 피신청인 소모장로에 대하여 직무정지 처분을 내리고 비신자인 원고 측 정모변호사를 장로직무 대행자로 선임하는 동시에 월 보수 300만원까지 책정하는 판결을 내렸다. 교회의 장로가 위법 행위를 하였을 경우에 국가를 대표하는 법원이 그 직무를 정지시킬 수 있을지는 모르겠다. 그러나 기독교 신앙이 없는 원고측 변호사를 장로 대행으로 선임하고 보수까지 결정 판시한 것(장로는 원래 무보수로 일한다)은 명백하게 위헌이라는 것이 중론이다.

또한 그것은 종교단체의 자율성을 훼손해서는 안 된다는 취지의 두 판례, 즉 '대법원1978.12.26 선고 78다1118 판결'과 '대법원 1984.7.24. 선고 83다카2065 판결'에도 어긋난다. 총회신학대학 교회법 교수 박병진 목사는 "울산지법의 판결은 종교자유와 정교분리 원칙까지 위배한 해괴한 판결로 판사의 양식이 의심된다"고 말했다.

2006년 1월 11일에 울산지방법원 동 재판부는 11월 사건 당시 소장로와 의견을 달리하였던 임시당회장 L목사가 제기한 "사건 2005카합1197 노회결정효력정지가처분"에 대해서도 대한예수교 장로회 울산노회가 결정한 L목사의 사직서 수리 및 신임 임시 당회장 파송 결정에 대하여 가처분 요청을 받아들이는 한편, 다른 지역 노회 출신 김경천 목사를 임시당회장으로 선임하고 월 보수까지 결정하였으며, 교인들이 직무를 방해할 경우에는 1회당 100만원의 벌금을 구형한다고 결정하였다. 교회가 누구를 위하여 존재하는지 근본적으로 망각한 결정이 아닐 수 없다. 이 판결에서도 재판부는 교회의 권징재판이 법률상 쟁송의 대상이 되지 않는다는 상기 판례에 배치되는 입장을 취함으로써 교회법 체계를 근본적으로 부정하였을 뿐만 아니라, 권한에도 없는 목사를 직접 임명함으로써 국가가 교회를 지배하는 형국에 이르게 된 것이다. 이 역시 명백한 위헌 행위가 아닐 수 없다.

대한민국 헌법 제20조 2항에는 "종교와 정치는 분리된다"고 명시되어 있다.

1984년에 전상석 대법관을 재판장으로 하고 이일규, 이성렬, 이회창 대법관이 심리한 '대법원 1984.7.24. 선고 83다카2065 판결'에서는 "종교단체가 그 교리를 확립하고 단체 및 신앙상의 질서를 유지하기 위하여 목사 등 교역자나 교인에게 그 헌법소정의 범죄가 있는 경우에 종교상의 방법에 따라 징계제재하는 종교단체 내부에서의 규제"는 "법률상의 쟁송의 대상이 될 수 없다"고 판시하였으니, 이는 "헌법에서 보장된 종교의 자유에 포함되는 종교단체의 자율권을 존중하는데 연유한 것"이라고 규정하였다. 이 판례는 1978년의 대법원 판례를 존중한 것이었다. 대법원에서는 종교단체 내부에서 행하여진 일들이 "교회헌법에 정한 적법한 재판기관에서 내려진 것이 아니라는 등 특별한 사정이 없는 한 교회 헌법규정에 따라 다툴 수 없는 이른바, 확정된 권징재판을 무효라고 단정할 수 없다"고 보았다.

이상의 판례에 의하면 울산지법 제3민사부는 두 사건에서 모두 교회법을 인정하지 않았을 뿐만 아니라 종교단체의 자율성을 무시하였던 것이 분명하다. 첫 번째 사건은 개교회의 공동의회가 결정한 사안이 교회헌법에 위배된 경우인데, 이를 당회가 무효화하고 상급기관인 울산노회가 인준하였다면 적법하게 처리된 것임이 분명하기 때문에 국가법이 쟁론할 대상이 아니다. 두 번째 사건 역시 목사의 사직수리 및 파송에 관한 것으로서 노회의 고유권한이기 때문에 그 결정과정에서 교회헌법을 위반하지 않았다면 국가법이 쟁론할 대상이 아닌 것이다. 그러나 울산지법 제3민사부는 교회 내부의 고유행위에 대하여 구체적으로 어떤 법을 어떻게 어겼다는 사실을 적시하지 않은 채 장로 및 목사의 직무와 직권을 정지시켰을 뿐만 아니라 교회정치에 적극 개입하고 통제함으로써 종교의 자율성을 훼손하고 교회법과 대한민국 헌법을 유린하는 결과를 초래하였다.

대한예수교장로회 헌법에는 소속된 모든 교회의 목사에 대한 '안수'(제4장 1조), '자격과 직무'(제4장 2, 3조), '전임(傳任)'(헌법 제16장), '사면 및 사직' 등에 관한 최종적인 권한을 노회에 부여하고 있다. 따라서 노회가 불법적인 결정이나 행위를 하지 않는 이상 국가가 개입해서는 안 된다.

### N울산교회 목사 사임사건

대한예수교장로회 울산노회는 2005년 11월 21일, N울산교회 L목사의 사임서를 접수하고, 11월 23일 노회회관에서 N울산교회수습위원회를 열어 L목사의 사임을 승인하고, 후임으로 이성택 목사를 파송할 것을 결정하였다. L목사는 본인이 직접 작성한 11월 24일자 사실 경위서에서, 2005년 11월 20일 밤 11시부터 다음날 아침 6시까지 부적절하게 처신

하였으며, 그 사실이 평신도들에 의하여 목격되고 추궁을 받게 됨으로써, 스스로 사직하는 것이 문제를 원만하게 수습하는 길이라고 판단했다고 사직 사유를 밝혔다. 수습위원회의 결정은 2005년 12월 6일에 최종 승인되었다.

그러나 L목사는 울산노회에 12월 2일자 서신을 통하여 자신의 사임서가 교인들의 강요에 의하여 작성되었으며 이를 취소한다고 알려왔다. 울산노회는 이 사태가 "목사가 그 시무로 교회에 유익을 주지 못할 줄로 각오할 때"의 자유사직(교회헌법 제17장 제3조)에 해당된다고 보아 결정을 바꾸지 않았다. L목사는 11월 21일 아침에 찾아온 10여명의 교인들을 고소하고 노회의 결정에 대해서도 법원에 가처분 신청을 하였다. L목사는 교회법에 주어진 이의제기나 재심소청을 무시하고 국가법에 그의 복권을 호소하였다.

재판부는 본안 판결 확정시까지 울산노회의 L목사 사임결정을 유보하고 새로 파견한 이성택 목사의 직무를 정지시키는 한편 원고측의 의견을 들어 경북노회 소속 김모 목사를 직무대행자로 선임하고 그 보수까지 결정하여 판시하였다. N울산교회의 교인 300여명은 법원의 결정이 부당하다고 보고 울산노회가 파송한 이성택 목사에 대한 지지서명을 해둔 상태에 있다.

이같은 재판부의 결정은 대한민국 헌법이 존중하고 있는 정치와 종교의 분리원칙에 정면으로 배치되는 것으로 보인다. 교회의 헌법을 국가법이 무시한 것일 뿐만 아니라, 국가법으로 교회를 지배하고자 한 것이다. 재판부는 L목사에 대한 울산노회의 결정이 적법한가를 가리는 것으로 충분하였을 것이나, 노회가 파송한 목사의 직무를 정지시키고 새로 목사를 선임하는 월권을 범하였기 때문이다. 이는 재판부가 노회의 법적 기능을 대신하는 것으로서 정교분리의 원칙에 위배되는 위헌적 결정을 내린 것이라 하지 않을 수 없다. 교회 목사의 파견과 전임은 노회만이 가지고 있는 권리이며, 이를 사법부가 방해해서는 안 되는 것이다.

울산지법 제3민사부가 이처럼 크게 오판한 것은 정교분리의 원칙이나 교회와 목사의 특수한 지위 및 역할을 정확하게 알지 못한 데 있다. 목사를 비롯한 교직자에 대한 치리 기준은 국가법의 사법적 판단 대상이 아니다. 예를 들면 어떤 목사가 '신은 존재하지 않는다'고 말했을 경우에 국가법에는 저촉되지 않으나 교회법으로는 직위를 상실할만한 결정적인 사유가 된다. 따라서 어떤 목사가 국가법으로 범죄한 사실이 없으니 목사의 자격상실을 명한 교회의 권징재판을 무효화해 달라고 할 수 없는 것이다.

본 사건의 경우에 L목사는 자신이 한 여신도와 기도원에서 단 둘이 밤을 지냈다는 사실을 시인하였고, 그 사실이 10여명의 교인들에게 목격당한 상태였다. 국가법에 의하면 L목사가 여신도와 간통을 했다는 사실을 합법적으로 입증하기 전에는 죄를 논할 수 없으며, 따라서 경찰의 입회하에서 간통 현장을 목격하지 않는 한 교인들이 그의 사임을 요구하는 것은 강압이 될 수 있다. 그러나 교회법으로는 간통 사실이 합법적으로 입증되지 않았다 하더라도 목사가 여신도와 한 방에서 밤을 지냈다는 사실만으로도 타당한 사임 사유가 되는 것이다. 울산지법 재판부는 이 간단한 상식을 간과하였다.

목사직은 일반직 종사자와 다르다. 따라서 교회와 국가의 판단 기준 역시 다를 수밖에 없다. 목사의 행위 기준은 일반인들의 준법성 기준을 초월한다. 목사가 밤 11시부터 아침 6시까지 여신도와 단 둘이 있었고, 그것도 바지를 벗고 있는 상태에서 신도들에게 목격되었다면, 아무리 그가 순결하고 무흠하다 하더라도 적절한 행동이라고 할 수는 없을 것이다. 그런 상태에 처한 목사가 하느님을 대표하여 강단에서 설교하고 기도하고 찬양하는 일이 가능하겠는가.

L목사는 자신의 행위가 목사의 품위에 부적합하다는 것을 스스로 깨닫고 있었으며, 따라서 스스로 사직하는 것이 최선의 방책이라고 판단하였다. 이 사건의 본질은 교인들과의 다툼이 벌어지기 전에 이미 목사의 사직을 결정할만한 상황이 종료되었다는 사실이다. 울산노회는 교회법에 의하여 이 사실을 중시하였지만 재판부는 이를 간과하였다. 목사의 자격제도와 인사 문제에 대해서 국가가 개입하는 것은 넌센스가 아닐 수 없다. 교회 안에서 불법적인 행위가 벌어지지 않는 한 교회의 결정을 정부나 사법부가 뒤집으려고 해서는 안 된다. 사법부가 목사를 해임하거나 그 직무를 정지시킬 수는 없다. 그것은 교회공동체의 자율성을 훼손하는 폭거인 동시에 대한민국의 헌법에 명시된 교회와 국가의 분리 원칙에 위배된다. 울산지방법원 제3민사부가 두 번씩이나 헌법정신과 대법원 판례에 어긋나는 판결을 내린 이유와 배경에 혹시 부당한 동인은 없었는지 살펴볼 필요가 있다. (2006.01.23)

# 매니페스토 운동에 대하여

5·31 지방선거를 깨끗하고 공정하게 치르기 위해 시민단체와 선관위가 매니페스토 운동을 전개하고 있다. 이 운동의 성공 여부는 시민단체와 언론의 공정성, 중립성 확보 여부에 달려 있다.

매니페스토 운동은 후보자로 하여금 구체적이고 실현 가능한 참된 정책을 제시하게 하는 것이다. 물론 시민단체와 언론기관이 이를 검증하고 평가할 수 있다.

선거풍토를 개선하자는 취지에서 확산되고 있는 매니페스토 운동에 대해서 반대할 사람은 없을 것이다. 필자 역시 이 운동에 원칙적으로 동의하고 긍정적으로 평가한다. 그러나 모든 일들이 뜻대로 되어지는 것은 아니다. 그래서 이 운동의 진행 방식에 대하여 우려하는 것이 단순한 기우만은 아닐 것이다.

지난 4월 26일 선관위는 언론 및 시민단체와 함께 후보자들을 초청하여 매니페스토 정책선거실천 협약식을 가졌다. 그 때 채택한 협약문에 의하면 선관위는 후보자들의 실천공약일람표를 작성하여 언론과 시민단체에 제공하고, 메니페스토 추진단체에서 이를 검증(평가)하도록 권장하고 있다.

특히 협약문 제6항에 의하면, “인론과 시민단체는 정책의 타당성과 실현가능성을 평가할 수 있는 근거를 제시하고, 스스로 중립성과 공정성을 확보하기 위해서 노력한다”고 명시되어 있다. 그러나 여기에 문제가 있다고 본다.

매니페스토는 원래 라틴어 manifesto이고, 이는 ‘밝게 하다’, ‘분명하게 보여주다’, ‘보이게 하다’, ‘계시하다’라는 의미를 갖고 있는 말이다. 기독교의 하느님은 사람들이 자신의 뜻을 헤아릴 수 있도록 특별한 계시(성서)를 남겨주었다. 그러나 지금 교회는 하느님께서 보여준 것, 즉 성서에 대한 서로 다른 해석 때문에 수많은 교파로 분열되어 있다.

후보자들은 유권자들에게 자신의 포부와 의지를 보여주기 위해서 참된 정책을 제시하고 있다. 사람들은 이 정책이 실현 가능하고 의미 있는 것인가에 대해서 각각 다른 평가를 내릴 수 있다. 그런데 그 정책의 실현 가능성, 의미 등에 대한 평가를 특정 시민단체가 하겠다는 것이고, 또한 선관위가 이를 적극 권장하고 있는 것이다. 이 사실은 새로운 문제를 일으킬 수 있다.

언론이나 시민단체는 더 이상 순수한 압력단체가 아니다. 다양한 색깔을 가진 이익단체들이다. 그들도 나름대로의 가치지향이 있고 이익주장을 내세운다.

현대차 정몽구 회장의 구속 사태에 대한 시민단체와 언론의 입장은 제각각이다. 어떤 시민단체나 노조 또는 특정 정치인은 경영진의 퇴진을 요구하는가 하면, 다른 쪽에서는 선처를 호소하기도 한다.

따라서 우리는 시민단체가 공정하고 중립적인 평가 주체

가 될 수 있는가에 대하여 의심하지 않을 수 없다. 지난 선거에서 일부 시민단체들이 전개했던 낙천・낙선운동은 선거에 상당한 영향력을 미쳤으나, 사법부는 그 상당한 행위들이 불법적인 것이라고 판결한 바 있다.

매니페스토 운동이 확산될 경우 후보자들의 정책에 대한 최종적인 검증과 평가가 시민단체와 언론에 의해서 이루어질 경우에 새로운 논란에 휩싸일 수 있다. 평가과정에서 그들의 관점과 이익주장이 개입될 소지가 있으며, 잘못될 경우 유권자들을 혼란하게 할 수도 있기 때문이다.

유권자들은 전통적으로 정당, 인물, 정책을 보고 판단한다. 그러나 선관위와 시민단체가 지나치게 정책만을 강조할 경우에 정당과 인물에 대한 부분은 상대적으로 폄하될 수 있다.

선관위의 고유 업무는 선거의 공정한 관리일 것이다. 선관위가 매니페스토 운동을 지나치게 강조하고, 매니페스토의 평가권을 언론이나 시민단체에게 위임하는 것처럼 비쳐질 경우에 자가당착에 빠질 수 있다.

후보자의 정책 공약에 대한 최종적인 평가 주체는 바로 유권자들이다. 그리고 이 기본적인 사실은 마땅히 존중되어야 한다. (2006.05.11)

# 공약 검증 발표가 부실하다

울산정책연대는 5 · 31 지방선거를 엿새 앞둔 민감한 시점에 울산시장후보들의 공약을 평가하고 그 결과를 언론에 공표했으나 특정 후보가 이의를 제기하는 등 형평성 논란에 휩싸이고 말았다.

울산정책연대가 매니페스토를 검증하는 과정을 유심히 들여다보면 절차, 내용, 방식에 있어서 문제점이 드러나는 것을 확인할 수 있다.

울산정책연대는 5월 25일 오후 2시 울산시의회 기자실에서 "정책선거를 위한 울산시장 후보 검증 기자회견"을 갖고서, 각 후보들이 제시한 정책공약 중 좋은 것과 나쁜 것을 가려서 발표하고 간략한 평가도 곁들였지만, 어느 후보가 정책공약 측면에서 수월성을 가지고 있는지는 분명하게 제시하지 못했다.

한편 16개 광역자치단체당 후보 52명에 대하여 문화일보와 경실련이 공동으로 평가한 결과에 의하면, 울산시장후보의 평균 점수는 2.80(4.5만점)으로 전국 평균 2.69보다 약간 높은 것으로 나타났다.

울산정책연대는 후보자들에 대한 점수를 부여하지는 않았

지만, 이 단체에 경실련이 주도적으로 참여하고 있어서 시민들로 하여금 비슷한 판단을 내리게 할 여지가 크다.

그렇다면 울산정책연대가 발표한 평가 내용은 어떤 점에서 논란이 되는 것일까? 매니페스토 운동을 추진하는 일부 시민단체들의 진정성까지 의심할 필요는 없겠지만 금년에 처음 실시하는 제도라서 어느 정도의 시행착오는 필요악일 것이라는 생각이 든다. 어떤 점이 부실한지 살펴보도록 한다.

울산정책연대는 5월 9일 검증 기준을 발표하고 5월 19일까지 공약을 제출해 줄 것을 각 후보자들에게 요구했다. 그리고 19일과 22일에 두 차례의 검증회의를 가진 후, 헛공약으로 규정된 부분에 대한 후보자들의 답변을 25일까지 보내주도록 주문했다. 23일 공약검증을 위한 전문가 자문회의를 거쳐서 25일에는 공약 검증 결과를 언론에 발표했다. 그렇다면 무엇이 문제인가?

첫째로 울산정책연대는 4월 26일 기자회견에서 6대 분야 24개 의제를 미리 지정하고 그 수용 및 선택을 강요했다.

언론보도에 의하면 심규명, 노옥희 후보가 대부분의 의제를 수용한 것과 반대로 박맹우 후보는 일부 수용의사만을 밝힘으로써, 정책연대와 박후보 사이에 논란이 생겨났다. 시민단체가 공약사항을 미리 규정하고 그것을 수용하도록 강요했다면 정책공약이 후보자에게서 나오는 것이 아니라 결국 시민단체로부터 나온다는 것을 뜻하며, 이는 매니페스토 운동의 취지를 곡해한 것이다.

둘째로 울산정책연대는 그들 자신이 요구한 후보자의 의견 및 답변과는 상관없이 자신들의 일정대로 의사결정을 한 것으로 보이며, 이로써 후보자들의 의견을 시민들에게 정확하게 전달하지 않았다는 비판에 직면하게 되었다.

울산정책연대의 중요한 의사결정은 사실상 23일의 전문가 자문회의에서 종결되며, 따라서 각 후보자들에게 25일까지 요구했던 답변은 평가에 반영되지 않았던 것으로 보인다.

셋째로 울산정책연대가 제시한 전문 자문단의 구성을 보면 정치적 성향에서 특정 정파에 편중되거나 평가영역에서 고른 분포를 보이지 않았다는 한계를 드러낸다.

자문교수들의 정치적 성향은 대체적으로 개혁적이어서, 여당과 민노당에게 관대할 가능성이 상대적으로 높다. 이들의 전공영역 역시 너무 지엽적이어서, 6대 분야 24개 의제를 모두 심도 있게 평가할 수 있을 것으로 보이지 않는다. 참여교수들의 전공이 산업경영, 화학, 법학, 사회학에 그치고 있기 때문이다.

앞으로 객관적으로 공정하고 의미 있는 평가를 위해서는 중도적 입장이나 보수적인 인사들의 참여가 필수적이며, 철학, 정치학, 행정학, 경제 · 경영학, 생활과학, 환경 · 보건 등 각계각층의 전문가들을 영입해야 할 것이다.

이번 5 · 31선거에서 선관위와 일부 시민단체가 제시한 후보채점표를 보면 지나칠 정도로 정책만을 강조하고 있다. 정책공약만으로 볼 때 문화일보와 경실련의 발표에 의하면 민주노동당, 열리우리당, 한나라당 순으로 서열이 정해졌다. 선관위와 일부 시민단체의 주장대로라면 민주노동당을 우선적으로 지지해야 할 것이지만, 이는 분명히 잘못된 일이다.

시민단체 중에서도 '기독교윤리실천운동'(기윤실)은 정책과 비전(40%), 민주적 추진력(30%), 인격과 생활(30%)까지도 골고루 평가할 수 있는 채점표를 제시하여 전체적으로 살펴볼 것을 주문하고 있다.

선관위와 특정 시민단체가 매니페스토 운동을 전개하고자 하는 참된 취지를 폄훼할 생각은 전혀 없다. 그러나 선거에서 정책공약만을 너무 강조하는 것은 선거운동과정에서 새로운 형평성 논란을 불러일으킬 수 있으며, 평가 주체의 성향적 차이에 따른 정당성 시비에 휘말릴 수도 있다는 사실을 염두에 두어야 할 것이다. (2006.05.26)

# 명예훼손죄의 요건에 대하여

지난 9월 20일, 모 교원단체와 소속교사 98명은 김모교수를 상대로 명예훼손에 의한 손해배상 청구소송을 제기하면서 기자회견을 한 사실이 있다.

그 과정에서 이 단체는 법적 다툼의 대상이 된 김교수가 지난 5월 3일 경상일보에 기고한 원고 내용을 자체적으로 분석 정리하여 보도자료와 소장을 구성한 바 있다.

지금 이 사건에서 논란의 대상이 되는 것은 크게 두 가지이다. 하나는 김교수의 투고 내용이 명예훼손죄에 해당되느냐의 문제이고, 다른 하나는 이 단체가 김교수의 글 내용을 정확하게 분석하고 정리했느냐는 것이다.

먼저 명예훼손죄의 구성요건에 대하여 살펴보자.

형법 제307조는 공연(公然)히 사실 또는 허위 사실을 적시하여 명예를 훼손하는 행위에 대한 처벌을 규정하고 있다. 이는 공개적인 장소에서 그리고 대중매체를 활용하는 방식으로 사실을 유포하여 명예를 훼손하는 것을 뜻한다.

그런데 이 조항이 절대적으로 작동된다면 우리 사회에서 양심, 언론, 출판, 학문의 자유는 들어설 자리가 없게 될 것이다. 우리는 다양한 형태의 공론의 장(場)을 활용하고 있다.

사회적 이슈가 되는 문제들에 대해서 누구든지 자신의 생각을 자유롭게 개진할 수 있으며, 이에 대한 비판과 반박의 길도 열려 있다. 따라서 이해당사자들이 공론장의 영역에서 자유롭게 토론하는 경우나 언론 등의 매체에 기고한 경우에는 정정, 반론 등의 방식을 활용할 수 있다.

그러므로 형법 제307조의 규정은 제한적으로 작동되어야 하는 것이다. 그 제한 규정이 바로 형법 제310조, 즉 위법성(違法性)의 조각(阻却) 원칙이다.

공개적으로 사실을 알렸다고 해서 모두 처벌하는 것은 아니다. 공공의 이익에 관련된 진실한 사실일 경우에는 처벌하지 아니한다는 바로 이 조항 때문에 우리는 양심, 언론, 출판, 학문의 자유 등 기본권을 향유할 수 있다. 공적 지위를 가진 자의 공적 업무에 관한 논란은 명예훼손죄에 해당되지 않는 것이다.

자신들의 특정한 입장이 반영된 수업지도안을 교육 현장에서 활용해 온 이 교원단체에 대하여 두 자녀의 학부형인 김교수가 헌법 제31조 4항 및 교육기본법 제6조에 명시된 교육의 중립성을 훼손하는 행위였다고 판단했을 경우에 그 시정을 공개적으로 요구하는 것은 당연하다.

두 번째로 김교수의 원고내용과 이 교원단체가 발행한 노동절 계기수업지도안 및 그에 대한 5월 2일자 조선일보 사설, 이 단체의 재판청구취지서(소장) 및 울산지부가 배포한 보도자료 등을 검토한 결과 양측의 기술내용이 매우 다른 것으로 나타났다.

이 단체가 김교수의 원고 집필 동기 및 상황을 무시한 것은 물론이고, 인용, 조건부 진술, 단서 조항 등의 안전장치와 문맥 등을 고려하지 않고 문자적으로 발췌한 때문이었다.

논란이 되었던 사장의 '흡혈귀' 비유 역시 조선일보가 수업지도안의 내용을 보고서 느꼈던 인상을 묘사한 것인데도, 김교수가 그렇게 주장한 것처럼 기술하였다.

심지어 이 단체는 김교수가 자신들을 "공산혁명을 위한 혁명집단"으로 규정했다고 기술하고 있는데, 이런 표현은 김교수의 원고 어디에서도 전혀 찾아볼 수 없는 내용이다.

이 교원단체가 준비한 노동절 계기수업 지도안에 우리 사회의 기본 가치와 질서를 크게 훼손할 수 있는 내용이 들어있고, 이 문제가 공론장에서 이미 논란의 대상이 되고 있다면, 그것은 분명 공공의 이익에 관한 사항이다.

교사, 학교, 교원단체 등이 교육의 중립성을 훼손할 우려가 있을 경우에 학부형은 그 시정을 요구할 권리가 있다.

따라서 본 사안은 명예훼손죄를 구성한다고 볼 수 없으며, 원고 내용의 자의적 구성이라는 새로운 도덕적 문제에 직면하게 되었다. (2006.10.19)

# 둘·· 교육의 이상에 대하여

# 인문학의 위기에 대하여

오늘날 인구에 회자(膾炙)되는 이른바 '인문학의 위기'는 매우 복합적인 원인에서 비롯된 것이다. 그것은 외적으로 잘못된 교육정책의 반복에서 오는 폐해와, 내적으로 새로운 변화를 거부하는 전문가 집단의 복지부동, 그리고 우리가 처한 사회환경의 구조적 모순이 빚어낸 일종의 불협화음인 것이다. 현상은 이렇다. 서울대를 비롯한 인문학 및 기초학문의 전공교수들이 집단적으로 교육정책을 성토하고 있으며, 교육학계의 도덕·윤리 교사양성권의 장악에 대하여 철학계가 경악과 분노를 드러내고 있으며, 학부제 실시 여파로 인한 호서대 철학과의 폐과조치에 대하여 교수 및 학생들이 반발하고 있고, 세인들의 주목을 받았던 마광수와 김용옥은 인문학계 내부의 암초에 걸려서 지적 파산을 당하고 말았다.

인문학과 기초학문의 몰락은 잘못 정향된 신자유주의 교육정책의 전면 실시에 따른 필연적인 부산물이다. 국민의 정부가 입안한 신지식인 정책에는 처음부터 인문학과 기초학문에 대한 배려가 없었다. 그렇다면 그에 대한 적절한 보완책을 교육부가 마련했어야 옳았다. 이처럼 인문학과 기초학문의 미래 구상 없이 일방적으로 실시된 학부제와 BK 21사업은 인문학의 위기를 자초한 직접적인 계기가 된 것이다.

오늘날 인문학의 위기가 초래된 것은 관련 학자들이 충분하게 대처하지 못한 책임이 크다. 대다수의 학자들은 현실감각이 없거나 교육정책에 관심조차 기울이지 않는다. 따라서 자신들에게 물리적인 피해의식이 인지되기 전까지는 죽어있는 경우가 많다. 단적인 예를 들면, 현재 각 대학에서 이루어지고 있는 교수업적평가의 기준을 보면 지나칠 정도로 논문위주로 되어 있고, 순수 작품이나 번역 및 주석작업 등은 평가항목조차 없거나 반영되더라도 미미한 정도에 그친다. 플라톤이나 니체의 에세이들에 대한 연구논문만 쓰고, 그들과 같은 인문학적 글쓰기는 하지 말라는 뜻이다. 인문학자들은 스스로의 발전을 저해할 수 있는 요소들을 제거해 나가야 하며, 인문학의 대중화에 앞장선 기수들을 쓰러뜨리지 않도록 배려해야 한다.

특별한 대안모색이 쉽지 않은 환경적 여건들이 인문학과 기초학문의 유지를 더욱 어렵게 한다. 우리대학의 본부는 현재 교육품질의 평가작업에 전력을 기울이고 있는 듯하다. 대학의 비약적인 발전을 위하여 현실을 정확하게 진단하고 미래를 설계하는 작업은 필수적이다. 그러나 우리대학의 구성원들이 우리의 강점과 약점을 알지 못해서 발전을 도모하지 못한 것은 아니다. 우리가 요구하는 것은 우리의 약점을 극복하기 위한 내용적인 노력에 우선적으로 투자하라는 것이다. 예를 들면 우리는 울산지역의 우수한 학생을 유치하기 위해서 필요한 사항이 무엇인가를 찾아내기 위하여 고심해야 하고, 그 가장 현실적인 방책 중의 하나는 우리대학의 교원양성체제를 확대하는 것이라고 생각한다. 이것은 교육부와 협의해야 하기 때문에 대학 차원에서 전담팀을 구성하여 대처하는 것이 마땅할 것이다.

우리대학의 인문학은 지역특성과 요구에 맞게 특화시켜 나갈 필요가 있다. 교수의 생존전략, 학과 및 학부이기주의를 극복하고 우리대학의 인문학이 경쟁력을 갖출 수 있는 방향을 설정해야 한다. 현재 상황에서 인문학은 가장 적은 투입으로 가장 큰 산출을 기대할 수 있는 학문 영역이며, 지금이야말로 인문학에 대한 대학본부 및 행정당국자들의 전향적인 사고가 요구되는 시점이다. (2001.05.31)

# 대학경쟁력과 지방정부의 역할

해마다 이 때쯤이면 수능시험과 대학진학 등의 문제로 인하여 나라 전체가 몸살을 앓게 된다. 금년에도 예외는 아닌 것 같다. 평준화 교육을 폐지하자, 수능시험의 관리에 철저하라, NEIS를 보완하여 학생들의 인권을 존중하라, 등등의 주장과 투쟁이 계속되지만 우리의 교육여건은 여전히 개선될 기미가 보이지 않는다. 이 중에서도 우리나라 교육의 발목을 잡고 있는 가장 근본적인 사고는 평준화 문제인 것 같다.

평준화 교육정책은 그동안 교실파괴와 사교육비 급증 등 많은 폐단을 초래하였다. 시행초기에 기대하였던 장점들보다는 잘못된 결과들이 우세하게 나타나면서 폐지의 목소리가 높아가고 있다. 특히 사교육비를 집중적으로 투입할 수 있는 고소득층 자녀의 일류대학 진출이 가시화되면서 교육정책에 대한 불만은 이제 사회비판적 성격까지 띠게 되었다.

그 동안 국민의 정부와 참여정부는 일관되게 "선택과 집중"이라는 교육정책을 표방해 왔다. 고등학교 평준화 교육의 폐해는 일부 특목고, 특성화고, 자율학교, 자립형사립고 등을 통하여 보완할 수 있으며, 서울과 지방에 연구중심대학을 지정하여 세계적인 교육경쟁력을 확보할 수 있도록 재정지원을 강화하겠다는 발상인 것이다. 그러나 이 정책의 가장 큰 문제점은 대다수의 평준화 고등학교와 지방 사립대학의 존재를 방치한다는 사실이다. "선택과 집중"이라는 정부의 교육정책은 필연적으로 평준화 정책에 갇혀 있는 학교들을 희생시킬 수밖에 없는 것이다.

평준화의 부정적 여파는 고등학교 교육뿐만 아니라 대학교육에도 그대로 나타나고 있다. 교실붕괴 효과는 이제 대학에까지 번지고 있다. 의과대학과 같은 특수한 경우를 제외하고는 대학교육이 제대로 이루어지지 않고 있는 것이다. 대학이 학문의 상아탑이라는 것은 이미 옛말이 되었고, 상당수의 학생들은 그저 졸업장이 필요해서 다니는 추세인 것이다. 학생들의 일차적인 관심은 취업공부이고, 취업이 되면 학기 도중에 사라지는 경우가 많다. 교육의 본질과 기능이 전도된 것이다. 이와 같은 교육의 부실은 장차 국가 경쟁력의 부실로 나타날 것이다.

지금 대학의 위상과 기능은 크게 달라지고 있다. 그러나 우리는 세계화의 진전에 따른 교육시장의 개방요구에 적절한 대책을 수립하지도 못한 상태에 있으며, 대학재정의 절대적 빈곤이라는 가장 큰 걸림돌에 직면하여 있다. 그럼에도 불구하고 우리 정부와 대다수의 국민들은 상식적 차원에서의 편견만을 앞세운다. 대학의 정상적인 운영과 발전에 요구되는 재정계획에 대하여 국가나 지방정부, 재단, 학생 등 어떤 주체도 책임지려고 하지 않는다는 사실이다.

국가는 우리나라 대학의 대다수를 차지하고 있는 사립대학에 대한 재정지원을 외면하는데 그치지 않고 기여입학제 등의 자구적인 재정충원계획에도 반대하고 있다. 각 대학의 재단 역시 기업경영의 투명화 등을 내세워 전입금의 액수를 최소화하려는 추세에 있다. 학생들도 미국대학을 매우 선호하면서도 그 20%밖에 되지 않은 등록금의 상향조정에 대해서는 철저하게 반대하고 있다. 따라서 어느 곳으로부터도 재정지원을 받을 수 없는 절대 다수의 사립대학들이 고강도의 교육개혁을 단행한다는 것은 거의 불가능한 일이다.

지금 울산시는 국립대학을 유치하기 위하여 전력을 다하고 있다. 그러나 지금 우리에게 필요한 것은 새로운 대학의 설립이 아니라 대학의 질적 성장이다. 이미 한계효용의 범위를 넘어선 대학을 하나 더 만드는 것보다는 기존의 대학을 발전시키는 것이 더 중요하다. 세계화 시대에 우리 대학이 경쟁력을 갖추려면 사고의 전환이 필요하다. 재정지원이 없는 상태에서 대학발전을 기대하는 것은 부질없는 일이기 때문이다. 울산시가 우리의 교육현실을 제대로 인지하고 있다면, 새로운 대학을 유치하기 위하여 노력하는 것보다는, 지역대학이 대학으로서의 기능을 제대로 할 수 있도록 재정적인 지원을 강화하는 방향으로 정책을 선회해야 할 것이다.

(2002.04.15)

# 복지정책을 생각한다

지난 한 달은 나에게 가장 고통스럽고 힘든 시간이었다. 어버이날을 하루 앞둔 5월 7일 밤에 미국에서 공부하는 아들에게 치명적인 교통사고가 발생했다는 비보를 받았기 때문이다. 아내는 그대로 주저앉아 울부짖기 시작하였고, 나 역시 세상이 꺼져 내려가는 참담한 기분에 어떻게 해야 할지를 몰랐다. 사고가 치명적이고 부상의 정도 역시 매우 심각하다고 했다. 의식은 있다고 한다. 그리고 정확한 내용은 메일로 보냈다는 것이다. 전화내용만으로는 감이 제대로 잡히지 않았다. 급하게 컴퓨터를 켰으나 자판의 접촉 불량으로 작동되지 않는다. 다시 미국에 전화를 시도하여 아들과 통화할 수가 있었으나 부상의 정도가 정확하게 파악되지 않는다.

자정이 넘은 시간에 급히 학교로 나갔다. 메일을 열어보니 참으로 절망적이었다. 얼굴을 다치고 목이 부러지고 이빨이 나가고 갈비뼈와 엉덩뼈까지 상하였다는 것이다. 자동차는 완파되었다. 아들은 지역 병원에서 헬기로 긴급 후송되어 매사추세츠 대학병원 중환자실에서 치료 중이었다. 우선 내가 해야 할 일들을 생각해 보았다. 여권을 챙겼다. 그러나 미국

비자는 받지 않은 상태였다. 그나마 아내의 여권은 유효기간 조차 지났다. 금년 6월에 고등학교 졸업을 한다고 해서 부부 동반으로 졸업식에 참석할 계획이었는데, 돈이 든다는 이유로 아들이 오지 말라고 해서 여행 준비를 포기하였다.

아내의 여권신청을 위한 서류 및 사진을 챙기는데 하루가 소요되었고, 토요일 오전에 시청민원실에서 긴급으로 여권을 발급받을 수 있었다. 그러나 문제는 미국 비자였다. 필요한 서류는 준비되었지만 주말이라서 월요일까지 무작정 기다릴 수밖에 없다. 그런데 비자를 신청하더라도 최소한 2주일은 걸린다는 것이다. 대학추천프로그램으로 비자를 신청하는 동시에 아는 분을 통하여 미대사관측에 청탁을 하였다. 일주일 만에 비자가 발급되었고 우리 부부는 5월 17일에 출국할 수 있었다.

미국에 도착해서 집에 들어갔더니 놀랍게도 아들은 벌써 퇴원해 있었다. 이마와 코 옆에 꿰맨 자국이 선명하고 목에는 기브스를 하고 누워있었다. 내상이 없고 외상 역시 치료할 필요가 없어서 5일 만에 중환자실에서 퇴원했다는 것이다. 그런데 앞니 두 개가 깨지고 8개 정도의 치아에 손상을 입었음에도 불구하고 아무런 조처를 받지 못하고 있었다. 문제는 치료비였다. 미국에서의 병원 치료비는 상상을 초월한다. 5일 동안의 중환자실 치료비 내역이 벌써 2만5천달러에 달하고 있었다. 자동차 보험에서는 자차 보상과 대물보상을 우선 지급한 후 치료비로는 최고 8천달러를 특정해 놓은 상태였다. 지역병원에서의 후송비와 치과치료비를 합하면 3만 달러를 훨씬 넘어설 것이 분명하였다.

다행스럽게도 나는 아들이 출국할 때 AIG 해외여행보험에 가입시켰다. 설마 사고가 있으리라고 생각하지 못한 나는 비교적 저렴한 것으로 선택하였는데, 그 보험의 보장 상한선은 3만달러였다. 이것은 우리에게 너무나 큰 도움이 되었다. 우선 간단한 치과치료를 할 수 있었으며, 초과된 치료비를 추가로 계상할 수 있게 되었다. 나는 이번에도 AIG 보험에 가입하였는데, 아들의 사고 경험 때문에 가장 좋은 조건의 보험을 선택하였다. 미국에서 약 1주일이 지나자 나의 몸에 이상이 감지되기 시작하였다. 국내에 들어와서 치료한다는 생각으로 병원에 가지 않고 참고 있다가 출국 하루전날 밤에 아들이 처음 신세졌던 응급실로 실려 갔다. 보험에 가입하지 않았더라면 크게 낭패를 당하였을 것이다.

귀국 후 일주일 동안 나는 집중적으로 치료를 받았으며, 어느 정도까지 나의 일상으로 돌아올 수 있었다. 일상적인 삶을 유지할 수 있다는 것이 얼마나 큰 축복이고 기쁨인지를 절실하게 깨닫고 있다. 복지는 민생의 근본이다. 그러나 내가 가장 고통받고 있던 그 시기에 여당의 차기대권주자로 알려진 정동영, 김근태 씨가 보건복지부 장관직을 서로 맡지 않으려고 암투를 벌였던 사실이나 국민연금에 대한 온갖 비리가 폭로된 것은 매우 유감스러운 일이다. (2003.05.31)

# 효행은 논리가 아니다

우리는 5월의 달력에서 어린이날과 어버이날, 그리고 스승의 날을 찾아볼 수 있다. 가족 관계는 한 사회의 통합성 여부를 판단하는 가장 기본적인 요소이다.

모든 가정에서 가장 일차적인 관심은 당연히 어린이들에게 집중된다. 아이들은 가정을 이루는 데 있어서 매우 소중한 존재이다.

우리 사회는 부모에 대한 효행과 스승에 대한 공경, 그리고 왕에 대한 충성을 가장 중요한 덕목으로 가르치고 지켜왔다. 물론 여기에서 왕은 국가를 의미한다. 엊그제 경주 건천에서 한 할아버지가 불이 난 집안에서 일찍 피하지 못하여 희생되는 사건이 발생했다. 어버이날을 맞이해 아들 가족이 찾아왔는데 불이 난 것이다. 아들은 외출 중이었다. 화재가 발생하자 며느리는 손자와 손녀를 데리고 미리 피했다.

그 사실을 모르던 할아버지는 아이들을 끝까지 구해보려고 안간힘을 쓰다가 결국 희생된 것이다. 만일에 할아버지가 자신의 몸만을 피하려고 했다면 아무 일도 없었을지 모른다. 그러나 불타는 집안에 손자 손녀를 두고서 혼자 빠져나가는 할아버지는 없을 것이다.

성서에 나오는 탕자의 비유는 사람들에게 가장 많은 감동을 불러일으키는 예화이다. 어떤 부잣집에 두 아들이 있었다. 어느 날 둘째 아들은 아버지에게 자신의 재산을 떼어달라고 해서 출가한다. 그러나 얼마 지나지 않아서 돈을 모두 허비하고 남의 일을 거들면서 거지처럼 살게 된다.

하루는 돼지가 먹다 남은 찌꺼기로 끼니를 때우다가 문득 아버지 집에 가서 일을 도와주면 이보다는 더 낫지 않을까 생각하여 집에 돌아가기로 작정하였다. 그러나 집에 가까이 갈수록 아들은 재산을 모두 탕진하고 돌아온 자신을 아버지가 받아주실지 마음을 졸이게 된다. 집에 당도하였을 때 아버지는 동구 밖에까지 뛰어나와서 아들을 반기고 집안에 큰 잔치를 베풀었다.

이 이야기는 '노란 손수건'이라는 예화로 각색되어 더 잘 알려져 있다. 한 죄수가 있었다. 오랜 감방생활을 마치고 사랑하는 아내에게 돌아가려는데, 자기 아내가 다시 받아줄 것인지가 의문이었다. 그래서 그는 아내에게 편지를 썼다. 기차를 타고 마을 앞을 지나칠 때, 나무에 노란 손수건을 매달아 놓으면 용서한 것으로 알고 내리겠지만, 그렇지 않을 경우에는 그 역을 그냥 통과하겠다는 내용이었다. 역에 가까워 올수록 그는 조바심을 이기지 못하게 되었나.

그래서 옆에 있는 사람에게 노란 손수건이 걸려 있는지 대신 봐달라고 부탁한다. 마을에 도착하자 손님이 흥분하여 소리쳤다. 나뭇가지마다 노란 손수건이 주렁주렁 달려 있다는 것이다. 아내는 돌아온 남편을 맞아들이기 위하여 노랑나무를 만들고 역의 곳곳에다가도 노란 손수건을 매달았던 것이다.

자식이 갑자기 자동차 사고를 당했다면 부모의 심정은 어떠하겠는가? 아마도 부서지고 찌그러진 자동차를 아깝게 여기는 부모는 없을 것이다. 그보다는 오히려 자식이 살아온 것만이라도 하느님께 감사하고 또 감사할 것이다. 부모의 마음은 하느님의 마음과 같고 부처님의 자비와 같은 것이다.

자식에 대해서 어떤 조건이나 단서를 붙이지 않는다. 부모는 자식이 잘못되었거나 부족한 경우에도 자신과 똑같은 존재로 여긴다. 그리고 자신이 가진 것 모두를 바쳐서라도 자식을 보호하려고 할 것이다. 그래서 자식에 대한 부모의 사랑은 숭고한 것이다.

출세 위주의 입시교육으로 인해 전통적으로 우리 사회가 자부해 왔던 효행의 미덕이 점점 사라져가는 것은 매우 심각하고 우려해야 할 일이다. 일부에서는 효행법을 제정하여 이를 장려하자고 주장하기도 한다. 그러나 법보다도 우리가 더 소중하게 여겨야 할 것은 바로 용서하고 감사하는 마음이다. 자식들이 잘못을 범했을 경우에 부모의 가르침은 더없이 중요하다. 지금 우리의 아이들은 참된 부모도 없고 존경할만한 스승도 없다고 생각하고 있다. 충격적이다.

그러나 효행과 감사는 논리가 아니다. 아이들에게 존경과 감사의 윤리를 가르쳐야 한다. 아이들이 밝고 건강한 마음을 갖도록 하는 것은 우리 어른들의 몫이고 의무이다.

(2004.05.11)

# 아들이 미국으로 간 이유

휴대폰을 이용한 수능시험 집단 부정사건을 바라보면서 경악하지 않은 사람은 없을 것이다. 시험이 있기 전부터 이런 유형의 집단 부정 사태에 대한 우려가 떠돌았음에도 불구하고 어느 누구 하나 주의깊게 점검하지 않았던 것이 화근이었다. 현재 드러난 것만도 백여 명이 넘는 수험생이 조직적으로 가담했으며, 그 규모가 더 커질지는 아직 예측할 수 없는 상황이다.

필자는 하나밖에 없는 아들의 모험심 때문에 우리 국민들이 모두 겪어야 하는 고3병을 넘길 수 있었다. 미 국무성 교환학생 프로그램으로 1년간 영어 공부나 하고 오라고 보낸 것이 그냥 눌러 있게 되었기 때문이다. 학비가 전액 무료였던 처음 1년이 지나자 아들은 미국에서 계속 공부할 수 있게 해달라고 강력하게 요구했다. 마침 미국 측의 보호자가 숙식을 무료로 제공하겠다고 해서 2년 간 더 머무를 수 있게 되었고, 지난 8월 미시간 대학에 입학했다.

부족한 자식을 자랑하기 위해서 이 글을 쓰는 것이 아니다. 사실 그 녀석보다 더 훌륭하고 우수한 학생들이나 조기유학을 보낸 부유한 가정의 자녀들도 얼마든지 있다. 거기에 비하면 내 아이는 너무나 평범한 가정에서 태어났기 때문에 미국유학 같은 것은 엄두도 내지 못할 형편이었다. 그렇다면 무엇이 내 아이를 미국학교에 붙들어 매었던 것일까?

유치원부터 초등학교 6년, 중학교 3년, 그리고 고등학교 1학년 1학기 때까지 아들의 성적표는 모두 똑 같았다. 다른 과목은 모두 '수'였지만, 미술과 체육은 언제나 '우'였다. 필자가 교수였기 때문에 내 아이만 특별히 챙길 수도 없었고, 그래서 아이의 성적표는 내내 그 차원을 넘어서지 못했다. 고등학교 때는 학운위에 참여했으나, 그것이 아들에게 더 불리하게 작용했다. 그런 상태에서 아들은 미국으로 떠났다.

떠난 지 이틀이 지나서 아들은 영어를 한 마디도 알아들을 수 없다고 울면서 귀국 의사를 밝혔다. 나는 한 달만 버티라고 주문했다. 일주일이 지나자 학교에 다니기 시작했고 수학시간에 잘난 체 한다는 소식을 전해 왔다. 한 달이 지나자 아들은 아예 학교수업에 빠져들어서 너무나 행복해 했다. 가장 큰 변화는 미술과 체육에 대한 재능을 처음으로 인정받은 사실이었다. 처음으로 목재미술과 체육에서 A를 받더니 3년 내내 그 성적을 유지했다.

다른 과목의 성적도 매우 좋았다. 졸업하기 직전의 교통사고 때문에 시험을 놓친 스페인어 과목을 제외한 전 과목이 A였다. 그러면서도 아들은 2년 동안 미식축구 선수로 활동했으며, 여러 번의 시합에 참가하기도 했다. 가장 중요한 것은 선수 및 봉사활동 시간을 통해 친구들을 많이 사귈 수 있었다는 점이다. 수능시험에 해당되는 SAT에서 아들은 그렇게 좋은 성적을 얻지 못했다. 다만 수학은 만점이었고, 화학을 비롯한 과학계열의 점수도 매우 좋았다.

여러 대학에 지원서를 제출한 결과 미국의 공립학교 중 빅 쓰리에 해당된다는 미시간대학 등 6개 대학으로부터 합격 통보를 받았다. 반액 장학금을 제의받은 랜슬리어 공과대학은 포기했다. 그러나 문제는 대학 진학 후부터였다.

필자에게는 1년에 4만 달러 이상의 학비를 부담해야 하는 경제적 압박이 가중되었고, 새벽까지 공부해서 치른 유기화학 1차시험의 결과가 F학점으로 나오자 아들뿐만 아니라 우리 가족은 커다란 충격을 받았다. 그것을 만회하기 위해 날밤을 지새운 결과 아들은 2차시험에서 B를 받았다.

우리 교육의 위기는 모든 것을 정부가 통제하려는 데 있다. 미국대학의 연간 평균 학비는 약 3~4만달러이다. 비싼 납부금을 내면서 죽기 살기로 공부하게 만드는 교육환경은 확실히 우리와 차별화된다.

지금 사립학교법 개정안이 저항을 받는 것도 어떤 권한도 주지 않으면서 정부가 일방적인 통제만을 가하려 하기 때문이다. 교육개혁은 재정지원 없이 불가능하다. 등록금 인상 및 기여입학제 도입과 같은 주요 재정확보 방안을 부정하고 있는 정부정책이야말로 우리 교육의 경쟁력을 약화시키는 직접적인 원인이다. (2004.11.22)

## 수능부정사건

휴대폰을 이용한 대입수능시험 집단 부정사건은 우리 교육정책의 총체적인 실패를 상징적으로 보여주고 있어서 매우 착잡하다. 이는 단지 입시에 발목 잡힌 중등교육의 파행뿐만 아니라 대학 인성교육의 실패까지를 함축한다. 교육계의 수장들이 국민 앞에 머리 숙여 사죄하였지만 그들이 이 사건의 본질을 제대로 이해하고 있는지는 여전히 의문이다.

수능시험의 조직적인 부정행위는 그 동안 우리가 마지막까지 존중해 왔던 최고가치의 몰락을 의미한다. 온갖 유형의 기만과 사술, 부정과 부패 앞에서도 우리 국민들은 사회적 신분 여하를 불문하고 우수한 인재들이 등용될 수 있는 유일한 길이 바로 공정한 입시제도에 있다고 생각해왔다. 그러나 바로 그런 생각들이 악마화되면서 오늘의 수능부정사건이 터지게 된 것이다.

잘못된 입시관행으로 교육의 본질적 의미가 변질되고 훼손된 것은 어제 오늘의 일이 아니다. 고등학교에서는 내신성적을 부풀려서 변별이 불가능한 입시자료를 제출하는가 하면, 교육부조차도 교육방송을 수능시험을 위한 문제풀이 방송으로 전락시킨 해프닝이 벌어졌다. 학생이나 학부모나 학교나 교육청, 그리고 교육부까지도 하나같이 시험문제 푸는 요령을 가르치고 터득하는데 명운을 걸었으니 어찌 오늘과 같은 사태가 우연이라고 할 수 있으며, 부정행위를 저지른 학생들만의 잘못이라고 할 수 있겠는가?

부정사건을 사전에 인지한 관계 기관들의 미온적인 태도도 이 사건을 확대하는데 결정적인 계기가 되었다. 휴대폰을 이용한 수능부정이 전에도 있었고, 전국적으로 이루어졌다는 심증이 있음에도 불구하고, 유독 광주에서만 사건화된 것은 그 지역 경찰만이 이 사건에 대한 첩보를 소홀히 하지 않았기 때문이다. 그와 반대로 일선 학교나 교육청 등에서는 홈페이지에 올려진 제보내용들조차 무시하고 삭제하였던 것으로 알려지고 있다.

이번 수능부정사건은 성장기의 학생들에게 도덕과 가치를 제대로 가르치지 못하고, 목적을 달성하기 위해서는 수단과 방법을 가리지 않도록 만들었던 우리의 잘못된 교육에서 빚어졌다. 학생들의 사고능력과 정서함양을 위하여 설립된 교육방송은 한갓 문제풀이 방송으로 전락하였고, 이번 수능에서 가장 많은 돈을 벌어들이기도 했다. 이런 것이 교육기관의 본령은 아닐 것이다. 따라서 이번 수능부정사건은 사필귀정이라 하지 않을 수 없다.

인성교육의 몰락은 대학에서도 진행되고 있다. 철학, 종교, 역사, 문학, 심리학 등 학생들의 세계관 및 인생관 형성에 기본이 되어야 할 교양과목들에 대한 기피현상이 심화되고 있으며, 갈수록 흥미 위주의 천박한 잡학들로 대체되고 있다.

공학인증제를 위하여 도입한 공학윤리 과목도 어렵다는 이유로 폐강되는 사태가 속출하고 있다. 지금이야말로 인성과목의 필수화를 다시 생각해야 할 시점인 것 같다.

(2005.01.27)

# 도덕성이 경쟁력이다

노무현 정부는 교육부총리 인사에서 품성보다는 능력을 우선시함으로써 초유의 인사파동을 불러왔다. 서울대학교 총장 재직시 도덕성 문제로 물러났던 이기준씨를 그보다 상위 직책인 교육부총리에 지명했다가 국민들의 지탄을 이기지 못하고 철회한 것이다.

우선 청와대는 이기준 내정자가 교육개혁의 최적임자이며, 다소의 흠집이 있더라도 능력이 탁월하기 때문에 문제될 것이 없다는 입장을 취하였다. 지명자 역시 시민단체와 여론의 압력에도 불구하고 사퇴할 의사가 없다는 뜻을 분명히 하였다. 청와대의 실수는 국민들이 정치권에 요구하는 도덕적 수준이 크게 변화되었다는 사실을 간과한 데 있었다.

도덕성은 부차적인 기준이 아니다. 오늘날 도덕적 기준의 강화는 경쟁력이 되고 있다. 지금 세계는 과거의 어느 때보다도 도덕성을 중시하고 있으며, 국제외교와 정치권은 물론 기업과 교육 등 모든 영역에서 윤리적 지침을 강화하고 있다. 공직윤리, 경제윤리, 공학윤리, 환경윤리, 연구윤리, 의료윤리 등 모든 학문분야에서 도덕성이 요구되고 있는 것이다. 현재 강력한 노벨상후보자로 회자되고 있는 황우석 박사팀에게 가장 큰 벽은 역시 생명윤리에 관한 지침들이다.

이러한 변화는 바람직한 것이며, 결코 거부할 수 없는 대세이다. 사법부가 여당의원들에 대하여 선거법을 엄격하게 적용하는 것도 국민들의 따가운 시선을 감지했기 때문이다. 그럼에도 불구하고 허준영 경찰청장 내정자에 대한 국회 인사청문회는 제기된 문제들을 검증하기보다는 조직적으로 감싸고 은폐하는데 그쳤다. 이는 아무리 법과 제도가 정비되었다고 하더라도 사람들이 썩어있으면 무용지물이라는 것을 단적으로 말해준다.

허준영 내정자의 경우 자신이 보충역으로 판정받은 사유를 전혀 몰랐으며, 76년 당시 보충역 입대 기간 중의 학업이 현행법에 저촉된다는 사실 역시 인지하지 못했다고 대답하였다. 이 경우에 국회청문회는 자기 인생에 결정적인 영향을 주는 사안조차도 무감각한 인사가 경찰총수직의 적임자인가를 면밀하게 살펴야 했다. 그렇지 않다면 그가 국사의 중대 실책에 대해서도 알지 못했다고 대답하면 무조건 면책해야 할 것이다.

우리 사회가 최소한 지켜야 할 금기가 있다. 병역 문제에 의혹이 있는 사람들을 고위공직자로 기용해서는 안 된다는 것이다. 병역 봉사는 우리 국민들이 가장 기본적으로 지켜야 할 공적 의무이다. 어떤 형태로든지 병역비리자들에게 고위공직이 허용되어서는 안 된다. 보충역 출신이 경찰총수직을 맡는다는 사실만으로도 정상적인 것은 아니다. 더군다나 신체검사 과정에서 제기된 의혹조차 해소되지 않은 상태로 그가 취임한다면 우리나라의 경찰조직을 원만하게 통제할 수 없을 것이다.

능력은 공직자의 주요 덕목이 될 수 있다. 그러나 그보다 더 중요한 것은 품성이요 도덕성이다. 능력이 많더라도 부도덕한 사람이 우리에게 끼칠 수 있는 위험은 치명적이다. 우리 사회를 보다 투명하게 가꾸는데 앞장서야 할 교수, 방송인, 민간단체조차도 도덕성을 잃고 헤매는 현상에 대하여 우리는 철저하게 경계해야 할 것이다. (2005.01.18)

# 교육부총리 임명 논란

김진표 전 경제부총리가 이기준, 김효석 카드에 이어서 신임 교육부총리로 발탁되었다. 우리나라의 교육 문제, 특히 대학 구조조정을 경제적인 관점에서 접근하여 풀어보자는 발상이다. 그러나 이에 대한 교육계의 반발 역시 만만치 않으며, 지금까지 전국교직원노동조합을 필두로 하여 전국교수노동조합, 전국국공립대학교수협의회, 민주화를 위한 전국교수협의회 등, 주요 교육 관련단체들의 반대성명이 잇따랐다. 학부모 단체들과 참여연대 등에서도 임명철회를 주장하고 있다.

그러나 이헌재 경제부총리가 지적한 것처럼 현재의 대학교육이 기업이나 사회의 요구에 부응하지 못하는 상황에서 김진표 카드를 무조건 반대하는 것도 대수는 아닐 것이다. 특히 우리의 교육계가 특정 인맥과 학맥으로 얽혀 있으며, 교육부 관료조직조차도 이들이 장악하고 있는 사정을 감안한다면 외부인사의 영입을 고려할 수도 있는 것이다.

많은 사람들은 '교육도 산업'이라는 노대통령의 마인드를 우려하는 것 같다. 그러나 지금은 교육 문제를 경제적 관점에서 접근해야할 가장 적기라고 생각된다. 특히 우리나라의 대학교육은 세계 어느 나라보다도 가장 뒤쳐져 있으며, 현재 상태에서는 개선될 기미조차 보이지 않고 있다. 특히 대학의 구조조정은 늦어도 2010년까지는 이루어지고, 그 결과 25%에 해당되는 약 90여개의 대학들이 통폐합될 예정이다.

따라서 우리는 이 시점에서 노대통령이 경제 마인드를 갖춘 교육부총리를 임명하는 것에 대하여 긍정적으로 수용할 필요가 있다. 우리가 우려하는 것은 김진표 교육부총리가 취임식 인터뷰에서 교육계의 반대 여론을 너무 의식한 나머지 소심한 모습을 보였다는 것이다. 오늘날의 교육현실과 대통령의 의지에 걸맞는 비전과 포부는 온데 간데 없었다. 그런 식이라면 굳이 그가 임명될 이유가 없기 때문이다.

이헌재 경제부총리를 비롯한 경제계 인사들은 우리나라의 대학이 산업현장에 필요한 인력을 공급하지 못한다고 불평한다. 실제로 국제경영개발원(IMD)이 조사한 세계 대학의 경쟁력 비교에서 우리나라의 대학은 최하위권에 머물러 있다. 그러나 이 결과를 대학만의 탓으로 돌리는 것은 크게 잘못되었다. 왜냐하면 각 대학에서는 그 동안 교육개혁을 위하여 부단한 노력을 경주해 왔기 때문이다.

우리나라 대학의 교육개혁은 대학인들이 개혁 마인드를 갖지 않았기 때문보다는, 정부나 경제계에서 대학에 대한 재정지원을 늘리지 않았기 때문에 이루어질 수 없었다. 우리나라의 국립대학들은 원칙 없이 설립되어 왔으며, 예산부족으로 인한 교육부실화가 갈수록 심화되고 있다. 따라서 김진표 부총리는 국공립대학의 통폐합을 통한 경쟁력 제고를 최우선 과제로 삼아야 한다.

사립대학의 경우는 더 열악하다. 개혁프로그램을 만들더라도 이를 뒷받침할만한 예산이 전혀 확보되지 않는다. 이는 교육부의 사립학교 정책과 맞물려 있다. 사립대학의 주요 수입원은 학생의 등록금 수입, 국비지원, 재단 전입금이다. 현재 등록금 수준은 경쟁국가의 10~20%에 불과하다. 그러나 사립대학의 등록금 인상 노력은 학생들과 여론의 반발로 무산되는 경우가 많다.

사립대학에 대한 국비지원은 미미한 수준이며, 기업 환경의 변화로 인하여 재단전입금 역시 갈수록 감소하는 추세에 있다. 그러나 정부는 외국대학에서는 매우 일반적인 기여입학제에 대하여 철저하게 반대한다. 이처럼 어려운 사정을 감안하여 김진표 부총리는 사립대학의 재정상태를 개선할 수 있는 제도적 방안을 강구해야 할 것이다. 교육계 전반의 반대여론에도 불구하고 일부에서 그에게 기대를 걸고 있는 것은 바로 이 점 때문이다.

지금 우리나라의 교육구조는 왜곡되어 있으며 교육행정 역시 파행을 거듭하고 있다. 인성 및 교양교육에 치중해야 할 중등교육은 입시 위주로 전락하였으며, 대학에서는 전공학문의 심화나 산학현장 학습이 제대로 이루어지고 있지 않다. 대학개혁의 우선적인 목표는 바로 인성교육과 현장교육의 강화이다. 신임 교육부총리는 교육개혁의 방향을 바르게 설정하는 동시에 그것을 추진할 수 있는 재정능력을 확보하기 위한 구체적인 방안을 밝혀야 할 것이다. (2005.01.31)

# 어린 학생들의 반란

KBS가 방영한 어버이의 날 특선영화 "존 Q"는 자식에 대한 부모의 사랑이 얼마나 애틋한가를 잘 보여주었다. 야구시합 중에 갑자기 쓰러진 아이가 심장이식을 받아야만 살 수 있다는 통보를 받은 아버지는 아이를 살리기 위한 온갖 노력이 수포로 돌아가자 결국 권총을 들고 병원을 접수하여 인질극을 벌이게 된다. 아버지가 자살하여 아들에게 심장을 주려는 순간 극적으로 장기가 전달되어 해피 엔딩으로 처리된다.

주인공의 문제 해결 방식은 매우 위험하고 공격적이지만, 그 바탕에는 부성애가 깔려 있다. 그래서 처음에는 원칙만 강조하던 병원관계자들도 부모의 처지를 이해하고 관용을 베풀어 좋은 결과를 만들어 낼 수 있었다. 제도의 미비로 인하여 시민들의 생명이 위협 받거나 제대로 보호받지 못한다면, 그 제도의 취지를 근본적으로 성찰하는 것이 국가의 사명일 것이나.

5월은 가정의 달이다. 어린이의 날과 어버이의 날, 그리고 스승의 날까지 모두 이 달에 들어 있다. 그런데 전국 각지에서 경노잔치가 열리고 가정의 화목과 평안을 비는 축제가 열리는 바로 그 시간에, 우리가 살고 있는 이 한반도에서 비명과 절규가 떠나지 않는 까닭은 어디에 있는 것일까?

지난달만 하더라도 중간고사를 치르던 아이들이 성적을 비관하여 줄이어 자살하는 사태가 벌어졌다. 올해만 해도 이미 20여명의 학생들이 목숨을 끊었다고 한다. 심지어 수재들만 간다는 과학고의 학생회장이 내신성적을 비관하여 스스로 죽음을 선택하였다고 하니 이는 결코 예사로운 일이 아니다. 내신제도에 대한 반란의 기운이 일고 있다. 참다못한 고1생들이 촛불시위를 가지려고 하였지만, 교육당국자들은 문제를 근본적으로 해결하려고 노력하기 보다는 사태를 덮으려는 데만 급급해 하고 있다.

같이 어울려 놀아야 할 친구들 사이에서 무한경쟁을 강요하여 죽음으로까지 내몰고 있는 오늘의 교육현실은 정상적이지 못하다. 교육부는 마땅히 입시제도 자체의 결함이 무엇인가를 면밀하게 분석하여 문제점을 개선해 나가야 할 것이다.

우리의 교육제도가 혼란에 혼란을 거듭한 가장 결정적인 이유는 바로 교육부에 있다. 이유와 근거 없는 신념에 사로잡혀 미래를 보지 못하기 때문이다. 이른바 교육부의 입시 3불 정책이 바로 그것이다. 교육부는 마치 고교등급제, 본고사, 기여입학제만 막아내면 교육 문제를 해결할 수 있다고 믿는 것 같다. 그러나 이런 생각은 우스꽝스럽고 근거 없는 것이다.

실제로 일부 유명 사립대학에서 고교등급제를 입시에 반영했다는 의혹을 받았다. 그러나 교육부가 과학고나 자립형 사립학교 등 일반 평준화 학교와 성적 차이가 뚜렷한 학교 시스템을 인정해 놓고서 모든 고등학교의 내신성적을 일률적으로 적용하라는 것은 모순이다. 내신성적의 균일 적용에 대한 전제는 고교 평준화이기 때문이다. 바로 이 때문에 이번 고1생들이 애써 입학한 과학고나 자립형 사립학교를 버리고 전학하는 촌극이 빚어지고 있다.

교육부가 각 대학의 본고사 실시를 무작정 막는 것도 웃기는 일이다. 이번에 한나라당이 기획한 것처럼 수능을 자격시험과 과목시험으로 분리할 경우에 문제 해결에 상당한 도움이 될 수 있다. 대학은 우수학생을 가릴 수 있는 변별력 있는 성적 시스템을 요구하고 있다. 그런데 교육부는 대학들에게 한편으로는 성적의 차이를 인정하지 말라고 요구하면서 다른 한편으로는 객관적이고 공정한 선발을 하라고 강요하고 있는 것이다.

우리나라의 사립대학이 재정적으로 열악하다는 것은 주지의 사실이다. 교육부가 국립대에 재정지원을 집중하고 있는 상황에서 기여입학제를 무조건 불허하는 것은 지혜롭지 못한 처사이다. 이번 고려대 사태에서도 발전기금 모금에 무리수를 둘 수밖에 없는 사립대학의 처지가 여실히 드러났지만, 그것을 눈치 채는 사람은 그렇게 많지 않다.

아이들은 아이들답게 자랄 수 있도록 도와야 한다. 자식의 죽음을 바라보아야 하는 부모의 심정은 그저 참담할 뿐이다. 거듭되는 입시 정책의 혼선으로 인하여 자식을 가슴에 파묻어야 하는 어버이들이 생겨나지 않도록 교육 당국의 철저한 반성과 바람직한 교육철학의 정립을 촉구하는 바이다.

(2005.05.09)

# C&그룹 임병석 회장의 기업 강의

C&그룹(전 쎄븐마운틴그룹) 임병석 회장이 울산대 강의에서 실무형 전문교육을 강조하였다.

사업에 참여한지 불과 10여년 만에 재계서열 70위의 C&그룹을 이끌고 있는 젊은 CEO 임병석 회장이 5월 2일 울산대학교 교양강좌 "글로벌시대의 사회윤리" 강의에서 토플이나 토익 점수보다는 미개척분야에 대한 도전정신을 갖는 것이 더 중요하다고 강조했다.

그는 학생 때부터 인맥을 관리하고 자기 전공분야에서 충실한 학습을 하는 것이 중요하며, 방학 기간 중에도 인턴쉽 등을 활용하여 현장교육에 치중해 줄 것을 당부하였다.

이 날 강의의 주제는 "직업윤리와 소명의식"이었으나 임회장은 주로 자신의 기업경영과 관련된 이야기를 중심으로 전개시켜 나갔다. 임회장은 자신이 학창시절 때부터 세계경영을 꿈꾸어왔으며, 이를 현실화시키기 위하여 남다른 집착을 가져왔다고 소개하면서, 대학시절부터 벤처정신을 키워나갈 수 있도록 노력하는 것이 중요하다고 말했다.

임회장은 지난 1990년에 자본금 5,000만원으로 칠산해운을 설립하였으며, 지금은 쎄븐마운틴해운, 세양선박, 동남아

해유, 진도컨테이너, 우방건설, 진도F&, 우방타워랜드 등 총 29개의 업체를 거느리는 기업그룹으로 성장시켰다. 그는 불과 16년 만에 국내자산 규모 약 1조7,000억원, 자본금 약 6,500억원의 기업집단으로 성장하게 함으로써 재계의 주목을 받고 있다.

임회장은 수산해운을 발판으로 시작하였으나 지금은 해운, 물류는 물론이고 철강 등 제조업 분야와 건설 및 레저 분야에까지 사업분야를 다각화하고 있다고 소개했다.

이와 함께 자신의 기업성장 비결이 성공적인 기업합병에 있다고 털어놓았다. 그러나 임회장은 기업합병을 할 경우에도 이미 파산선고를 받은 기업만을 대상으로 선정하는 등 철저한 원칙을 유지해 왔다고 밝혔다. 다시 말하면 활동 중인 기업을 대상으로 하는 적대적인 합병은 한 번도 시도하지 않았다는 것이다.

그는 현대사회에서 기업의 윤리경영과 사회적 책임이 얼마나 중요한 가를 현장에서 체감하고 있다는 사실을 강조하면서, C&그룹 역시 지난 3월 15일 대한상공회의소에서 개최된 '2006 윤경포럼 CEO 서약식'에 참여하여 윤리경영의 대열에 동참하고 있다고 소개하였다.

그는 우리나라의 여성인재들의 활동이 대만이나 싱가폴 등에 비하여 상대적으로 처진다는 사실도 지적했다.

우리나라 기업의 경우에 입사할 때 우수했던 여성인력들이 2~3년도 지나지 않아서 남성 직장인들에게 떨어지는 경향이 있는데, 그 가장 중요한 이유는 회사에 대한 애착심이나 전문가로서의 성공의욕이 뒤떨어지기 때문이라고 분석하기도 했다.

임병석 회장은 1984년에 한국해양대학교 항해학과를 졸업하고 세계 방방곡곡을 직접 항해한 경험이 있다. 2002년에는 '올해의 해운인'으로 선정되었으며, 2003년에 헤럴드경제신문의 '신한국인'으로 선정되고, 2004년에는 매경이코노미에서 '올해의 기업인 10인'으로 뽑히기도 했다. 이번 강의는 임회장이 울산대학교 겸임교수로 발령을 받아 이루어졌다.

울산지역에 기반을 두고 있으며, 그 기업이 위기에 처하였을 때 울산시민들이 주식 사주기 운동을 벌이기도 하였던 모 그룹의 어떤 이사가 얼마 전에 우리 대학의 겸임교수로 봉사하기로 약속한 사실이 있어서 무척 고맙게 생각한 적이 있다. 그런데 그는 막판에 서류 제출이 귀찮다는 이유로 약속을 취소하고 말았다. 서울에서 울산까지 내려오기가 쉽지 않았을 것이다. 이런 사실에 비하면 중견 기업그룹의 회장직을 맡고 있는 임회장이 직접 울산에까지 내려와서 우리 학생들에게 미래의 비전을 제시해준 사실은 너무나 감사한 일이 아닐 수 없다.

(이 글은 2006년 5월 2일에 작성되었으며, 이 책을 편집하면서 약간 첨가하였다.)

# 논술교육, 어떻게 해야 하는가

내년부터 대학 입학시험에서 논술고사의 비중이 커지고, 출제 경향 역시 크게 달라진다. 연세대, 서울대, 고려대, 이화여대, 서강대가 이미 논술고사의 출제경향과 예시 문제를 발표했으나, 일선학교에서는 그 대책을 마련하지 못해서 초조함을 감추지 못하고 있다.

이런 상황에서 울산 지역의 어느 고등학교가 서울의 논술전문 학원 강사를 초빙하여 특강을 실시하는 방안을 추진하다가 전교조의 비판에 직면한 적도 있었다. 방과후 학습 프로그램으로 일반 학생들이 청강하기에는 너무 고액이라는 지적과 함께 학교에 학원강사를 끌어들이는 것이 교사들의 자존심을 상하게 했다는 것이다.

지금 일선고교에서는 논술교육을 책임질 수 있는 교사가 없다고 한다. 논술이라는 교과목이 따로 있는 것이 아니기 때문에, 논술을 전담할 교사도 없는 실정이다. 방과후 학습 프로그램을 만들어 놓고 가르칠 교사가 없어서 학원 강사를 초빙했다는 학교 측을 무턱대고 비난할 수 없는 것도 바로 이 때문이다.

기왕에 학원 강사를 초빙할 바에야 학생들에게 실질적으

로 도움을 줄 수 있는 유명 학원 강사를 섭외하는 것이 좋다고 판단했을 수 있다. 학생들이 서울에 가서 수백만원을 내고 배우는 것보다는 강사를 초빙해서 배우는 것이 더 경제적이라는 계산도 했을 것이다. 그러나 학교측의 이런 결정은 현명하지 않았으며 근본적인 해결책이라고 볼 수도 없다.

전교조 측이 보기에도 그런 결정은 비교육적이고 일부 부유층 학생들만을 고려한 잘못된 것이었다. 그래서 그것이 부당하다고 세상에 터트렸다. 그러나 필자가 보기에는 전교조 측 역시 비교육적이고 무반성적이었다. 논술 교과목이 없기 때문에 논술 지도 교사가 없다는 것은 모든 교사들의 존재 이유를 부정하는 논리이기 때문이다.

일선고교나 전교조 측 모두 대학에서 논술고사를 강화하는 근본 취지를 간과하고 있다. 앞으로의 논술문제는 언어, 인문, 수리, 과학영역 등이 유기적으로 연결된 영역에서 출제된다.

따라서 통합학문에 대한 이해력은 물론이고 사고력, 판단력, 창의력 등 다양한 능력을 배양하지 않으면 안 된다.

문제 해결에 대한 방법과 지혜는 물론이고 자신의 해결방식에 대한 가치론적 입장까지도 요구할 것이다. 이를 테스트하기 위하여 도표, 통계자료, 그래프, 그림, 영화 대본, 만화, 시, 고전 시가, 국한문 혼용문 등 다양한 컨텐츠들이 제시문으로 사용될 것이다.

따라서 특정 교사가 논술 지도를 할 수 있다는 발상 자체가 잘못된 것이며, 학교에서 논술을 가르칠 교사가 없다는 것도 직무유기에 해당되는 발언이다. 모든 교과목이 논술과 연관되어 있다. 학원 강사 또는 특정 교사가 논술을 지도하는 시스템은 지양되어야 하며, 모든 교사들이 논술에 대한 공동 책임을 져야 할 것이다.

가장 중요한 것은 고등학교 교과과정에 철학 교과목을 도입하는 것이다. 철학에 대한 이해 없이 통합학문적 사고력을 배양하는 것은 불가능하다.

모든 학문은 철학에서 분리, 전개된 것이므로 근본학으로서의 철학 교육이 시급하며, 철학적 세계관을 가질 수 있도록 훈련하는 것이 필요하다.

현재 고등학교에서 철학을 가르칠 수 있도록 되어 있으나 현실적으로 철학 교과를 선택한 학교는 매우 드물다.

논술시험은 조선시대의 과거시험이나 마찬가지이다. 각자가 갖추고 있는 소양을 바탕으로 현실 문제를 제기하고 진단하고 그 해결책까지 찾아낼 수 있어야 하기 때문이다.

논술교육은 철학교육의 도입 등 정책적인 고려와 통합학문에 대한 관심 증대 및 그 현실적 적용 등을 통하여 강화해 나가야 할 것이다. (2006.07.25)

# 진정한 명예의 가치

며칠 전에 필자는 독일에 계신 지도교수인 리챠드 쉐플러 교수로부터 편지를 받았다.

지난 해 쉐플러교수는 독일에서 가장 전통 있는 두 개의 대학으로부터 명예박사학위를 받았다. 프라이부르크 대학에서 명예 신학박사를 받았으며, 뮌헨대학에서는 명예 철학박사를 받았다.

튀빙겐 대학에서 철학박사 학위를 받은 후에 보쿰대학에서 철학과 신학의 중간문제를 가르쳤으며, 은퇴한 후에는 고향인 뮌헨에 거주하면서 학문활동을 계속해 왔다.

프라이부르크 대학과 뮌헨대학에서는 그의 학문적 업적을 높이 평가하여 신학과 철학의 학문영역에서 명예박사 학위를 수여한 것이다. 이것은 학자들의 업적에 따른 사후평가의 성격을 가지고 있기 때문에 지금까지도 최고의 명예로 인정되고 있다.

그러나 우리나라 대학들은 이미 오래 전에 이러한 명예박사학위 제도를 건물 한두 동을 얻어내기 위하여 돈 많은 사람들에게 나누어주는 것으로 타락시켜 버렸다.

필자는 존경심을 표현하기 위하여 군산대학교 도예학과에

있는 친구 교수에게 부탁해서 가장 한국적인 분위기가 나는 작품을 하나 만들어 달라고 주문하였다.

두 번씩이나 실패한 후에 가까스로 작품을 얻었는데, 파손 위험이 높아서 독일까지 우송하는 것이 쉽지 않았다. 우선 오동나무 상자 속에 도자기를 넣고서 그것을 다시 박스에 담아서 충격을 완화시키려고 했다. 독일까지 무사히 도착한 것 같다.

쉐플러 교수는 필자의 선물을 너무나 소중하게 생각했는지 2년 전 결혼 50주년 기념으로 구입했던 러시아제 성상 밑에 놓아두었다고 했다. 마리아와 열두 사도들에게 성령이 임하는 바로 그 성상 아래야말로 한국에서 온 도자기에 가장 어울리는 고귀한 자리라는 것이다.

마리아 쉐플러 여사는 항상 그랬던 것처럼 교수님이 타이핑한 편지에다가 친필로 한국과 독일을 연결하는 필자의 값진 선물에 대해서 고마움을 표시하고, 도자기를 제작한 군산대 이명순 교수에 대해서도 감사의 말씀을 전했다. 그리고 도자기가 파손되지 않도록 꼼꼼하게 포장한 사실에 대해서까지 칭찬하는 것을 잊지 않으셨다.

독일의 교수직은 그야말로 명예의 상징이다. 온갖 권력욕과 부정부패와 연루된 우리들의 자화상하고는 너무나 멀다. 물론 그들 중에도 부패한 자들이 있을 수 있고, 우리들 중에도 명예를 하늘처럼 중시하는 선비들이 있다. 필자가 부러워하는 것은 독일의 교수가 아니라 바로 그들을 존재하게 했던 국민적 관심이다.

유학 당시에 지도교수의 시민강좌에 참여한 적이 있었는

데, 수많은 사람들이 그 어려운 철학 강의에 빠져 있는 것을 보고 너무나 놀랐다. 공부하는 집단이 대학에만 있는 것이 아니었다.

금년 12월에 80세가 되는 쉐플러 교수는 대학이나 연구소 등에서 초청강연을 계속 해 왔고, 내년 3월에는 학문 후속세대의 집중 양성을 위한 마이스터 과정을 주도할 계획이다. 지도교수의 성공에 비하여 필자가 느끼는 심정은 처참하기만 하다. 울산에 온 지 18년이 흘렀다.

동료교수들로부터 왜 지방지에다가 글을 주느냐고 핀잔을 들으면서도 필자는 그것이 울산시민들에 대한 소명이라는 생각에서 꿋꿋하게 집필을 마다하지 않았다. 지금까지 18년 동안 칼럼을 써 왔으나 시민들의 정서가 조금도 변한 것 같지 않아서 여간 안타깝지 않다.

울산은 70년대부터 급성장하여 엄청난 부를 이루었다. 그러나 그 부에 걸맞은 학문과 문화는 없다. 술집, 노래방, 골프장 이외의 친교 공간이 없다. 울산시민들도 이제는 인문학에 대한 관심을 가져야 할 때가 아닌가 생각해 본다.

(2006.09.09)

# 셋·· 문화정체성에 대하여

# 석가탄신에 대하여

석가 탄신은 인류에게 주어진 가장 큰 축복 중의 하나라고 말할 수 있다. 그 동안의 역사 속에서 우리는 수없이 많은 크고 작은 이름들을 기억하고 있다. 그 가운데서도 석가모니 부처님의 이름은 가장 위대한 이름이라고 할 수 있을 것이다. 그는 언제나 밝은 빛으로서 우리 앞에 서 있다. 그렇기에 석가 탄신일은 불교인들만의 축제이기에 앞서 우리 모두를 위한 축제인 것이다. 그러나 세태가 급변하면서부터 이제는 종교 축제일마저 세속화되고 타락하는 양상을 보이고 있다. 언제부턴가 성탄절은 성스러운 종교 축제라는 이미지를 벗어나서 환락과 탐닉의 잔치로 전락하기 시작했다. 석가 탄신일 역시 일부 몰지각한 사람들에 의하여 그 위대한 뜻이 훼손되어 가고 있는 것도 사실이다.

석가 탄생은 인류역사에 큰 의미를 가지고 있다. 부처님이 이 세상에 오시기 바로 전의 인도 사회는 정치적으로나 사상적으로 대단히 혼란한 시대였다. 온갖 이념과 갈등이 난무하고, 극단적인 논리를 주장하는 사람들이 많았다. 독단론과 회의론이 엇갈려서 커다란 사회혼란을 조장하고 가치질서를 유린하였던 것이다. 이와 같은 시기에 석가모니 부처님의 출현은 새로운 세계를 위한 적절한 대안이었다. 석가는 단순히 세상을 부정한 것이 아니라 참된 도덕적 세계질서를 우리에게 제시한 것이다. 석가는 세상을 회피하고 무시한 것이 아니라, 세상을 바르게 인식하려는 노력을 통하여 극복한 것이다.

석가 자신은 그 무엇 하나 부족할 것 없는 왕족이었다. 그러나 석가는 그에게 주어진 모든 기득권을 떨쳐 버리고 고통의 길을 나섰다. 진리를 발견하기 위하여 온갖 고행을 직접 체험하였다. 그리고 나서 결국 부처님께서는 가장 큰 진리를 깨달아 말씀하셨다. 그는 이 세상에 존재하는 모든 것들은 순간적인 것이고, 끊임없이 변화 소멸하는 것들이라고 파악하였다. 그런데 우리들은 그것이 마치 우리의 것으로서 있는 것처럼 환각에 사로잡혀 있다는 것이다. 그리고 이 같은 존재에 대한 집착으로 우리는 괴로워하고 있다. 그리하여 부처님께서는 이 세계가 고통으로 가득 차 있다고 말씀하신다. 이와 같은 고통을 이기는 비결은 존재에 대한 집착을 털어버리는 데 있다. 나에 대한 생각, 그것은 내 것이라는 생각, 그것만은 내가 꼭 가져야겠다는 욕심들, 그리고 지나친 욕망의 충족과 발산, 이러한 모든 것을 버려야 하는 것이다. 우리는 이제 무소유의 철학을 가져야 할 필요가 있다. 그리고 마지막에는 무소유의 철학마저 버려야 할 것이다.

그러나 현대 불교는 무소유의 철학보다는 소유의 철학을 견지하고 있는 것 같다. 아직도 많은 것에 집착하고 있으며, 많은 것을 주장하고, 많은 것을 소유하기를 원하고 있는 것이다. 심지어 최근에는 종교인들이 잇달아 대통령에게 불리어 가서 종교개혁을 강요받고 있다는 인상을 보이기조차 한다. 우리는 현대 불교가 석가모니 부처님의 말씀을 좇아서 진리를 설파하고 실천하는 본연의 위치를 회복할 수 있기 바란다. 종교가 세상의 빛이 되지는 못할지언정, 역으로 세상의 빛에 현혹되는 종교가 되어서는 안 될 것이다. 종교가 정부의 잘못을 비판하고 계도하는 역할을 하지는 못할지라도, 그 반대로 정치하는 사람들에게까지 불려가서 훈시를 받는 차원으로 전락해서는 곤란할 것이다. 종교에 있어서 최소한의 조건은 도덕이어야 한다. 우리는 온 누리에 진리의 빛을 드리우면서 다가오고 있는 부처님의 가르침을 진지하게 받아들여야 할 것이다. (1993.05.10).

# 한국불교의 무아윤회 논쟁

지난 토요일(2004년 12월 11일, 서강대학교), "칸트와 종교"라는 주제로 열린 한국칸트학회에서 필자는 동국대 최인숙 교수의 발표에 대하여 논평하는 기회를 가질 수 있었다. 논문 주제는 칸트와 불교에서의 실천철학이었다. 필자와 발표자는 불교해석에서 근본적으로 다른 시각을 가지고 있었다.

불교는 무아설과 윤회설이라는 두 사상을 근간으로 하며, 그 출발점은 연기설에 두고 있다. 이 세상에 존재하는 모든 것은 그 스스로 존재하는 것이 아니라 다른 것들과의 관계 속에서 성립한다는 것이다.

이 경우에 형상이나 본질을 가진 자체적인 존재 개념들은 모두 부정된다. 어떤 것이든지 자기동일성을 가질 수 없으며, 영원한 모습을 유지할 수 없다는 것이다. 예를 들면 내 자신의 존재조차도 동일한 자기가 아니라 외부적인 것과의 부단한 작용에 의하여 변화하는 존재로 파악된다. 여기에서 불교의 무아설이 정립된다. 불교가 인간을 오온(五蘊)이나 가아(假我)라고 규정한 것은 무아설적 취지를 전제하고 있다.

그러나 문제는 석가의 가르침이 무아설에 그치지 않는다는 것이다. 그는 세상의 존재들이 부단하게 윤회하고 있으며,

그로부터 벗어나기 위해서는 앞서 말한 연기법과 무아적 진리를 깨달아야 한다는 수행이론을 시설하고 있다. 그러나 이런 실천적 수행이 가능하기 위해서는 필연적으로 수행 주체, 즉 자기동일성을 지닌 주체가 전제되지 않으면 안 된다.

불교계에서는 이러한 무아설과 윤회설을 모순 관계에 있지 않다고 보는 것이 정설이다. 그러나 필자는 1988년에 독일 루어대학에 제출한 박사학위 논문에서 불교에서의 무아설과 윤회설은 모순적이며, 이러한 모순은 칸트가 제안하였던 요청적 사유방법론을 통하여 해소할 수 있다고 주장하였다. 그 후에도 이 주제에 관한 수편의 논문들과 책을 펴냈지만 우리 학계로부터의 반응은 전혀 없었다.

2001년에 이르러서야 이화여대 한자경 교수가 서평을 통하여 필자의 입장을 비판하였고, 필자가 즉각 반박함으로써 이른바 무아-윤회 논쟁이 시작되었다. 불교계의 대표적인 신문인 『법보신문』에서는 이 논쟁을 1면 머리기사와 사설로 다루었고, 『교수신문』에서도 특별지면을 할애하여 소개하였다. 그러나 두 사람의 입장 차이는 전혀 좁혀지지 않았다.

2003년 예문동양사상연구원은 『오늘의 동양사상』 제8호에서 무아윤회논쟁을 특집으로 다루면서 이 문제에 정통한 4명의 학자를 동원하였다. 이덕진 창원대 교수, 최인숙 동국대 교수, 김종욱 동국대 연구교수, 조성택 고려대 교수가 바로 그들이었다. 이로써 무아-윤회논쟁은 한국 불교학계 전체로 확산되었다.

필자는 2004년 10월 29일에 열린 전국철학자대회의 주제발표자로 선정되어 이 다섯 학자들에 대한 반론을 시도할 수 있었다. 『법보신문』이 다시 이 논쟁을 1면의 머리기사로 올리기는 하였지만 필자의 입장은 여전히 곡해되고 부당하게 다루어졌다. 다른 불교학자들에 대한 인터뷰를 통하여 필자의 불교해석이 불교 자체를 왜곡한다는 취지를 강조하기도 했다.

이번 한국칸트학회에서는 필자가 논평하기 때문에 유리한 위치에 있었다. 발표자는 자신의 주장을 체계적으로 구축해야 하지만, 논평자는 그 중에 어느 한 부분의 잘못이라도 지적해서 집요하게 공격하면 되기 때문이다. 수세에 몰린 발표자가 다시 필자의 불교해석이 정설과 다르다고 비판하였다. 그래서 필자는 불교학자들의 주장이 정설이라고 해서 진리인 것은 아니며, 그같은 교의적 해석이 오히려 불교를 훼손할 수 있다고 반박하였다.

필자는 지난 주 칼럼을 예로 들었다. 즉결심판에서 서류(조서)와 증거물을 판단 근거로 삼아야 할 사법부가 그 동안 이미 조서에 반영된 경찰의 진술을 관행적으로 증거물과 같은 것으로 간주해 온 사실을 소개하였다. 이는 경찰의 주장을 이중적으로 인정한 것이므로 불공정하며, 증거물에 의한 반박가능성을 무시하고 있어서 부당하기조차 하며, 불교학자들의 주장도 이와 같은 것이라는 취지를 강조하였다. 발표장은 박수와 웃음으로 가득 찼다. (2004.12.13)

# 하늘, 땅, 사람, 하느님, 그리고 가을국화

지난 주 토요일(2005년 11월 5일), 이번 학기 나의 강의를 듣는 학부생과 대학원생들과 함께 백운산 등반에 나섰다. 지난 골프장 사태 때 약속한 대로 백운산 산정에서 강의를 한 것이다. 많은 학생들이 동참하였고, 그 가파른 코스를 오르다가 불평하던 일부 학생들조차 백운산 정상의 아름다움에 매료되어 너무나 만족스러워 하였다.

나는 프리드리히 횔덜린(Friedrich Hölderlin 1770~1843)의 시 「가을」(Der Herbst)을 소개하면서 산상강의를 시작하였다. 하이데거가 최고의 형이상학적 시인으로 평가하였던 횔덜린은 가을을 이렇게 노래하였다. 과일들이 빛과 하나 되어 화려한 모습으로 익어가는 시절에, 한낮이 더할 수 없는 기쁨으로 끝나려고 할 즈음의 자연의 빛은 최고의 절정을 이룬다. 지구가 온통 가을빛으로 치장할 때 열린 들판을 스치는 바람소리가 난다. 태양은 가을날을 따뜻하게 하고 들녘은 드넓게 펼쳐져서 아름답기만 하다. 바람이 나뭇가지들 사이로 즐거운 소리를 내고 지나가면, 어느새 들녘이 공허함으로 바뀌게 되지만, 밝은 모습의 전체적인 의미는 황금빛 화려함으로 넘실거리는 하나의 그림처럼 살아있다.

가을은 모든 것이 영글어가는 수확의 계절이다. 나의 산상강의 주제는 '하늘, 땅, 사람, 하느님'이었다. 하늘은 빛을 주고 땅에서는 생명이 움트게 한다. 사람은 그것을 가꾸어 하느님께 감사의 번제를 드리고, 하느님은 사람과 자연 모두에게 다시 생명을 이어갈 수 있도록 은총을 베풀어 준다. 하이데거는 사람이 땅위에서 살아가는 의미를 네 가지 세계의 관계 속에서 찾으려고 하였다. 땅은 우리를 구원하고, 하늘은 우리를 영접하며, 하느님은 우리를 기다리시는 방식으로, 죽을 수밖에 없는 우리 인간들을 인도하고 있는 것이다. 그 네 가지 중에서 어느 하나 소중하지 않은 것이 없다.

천재적인 사상가이자 가톨릭 신부인 라이문도 파니카는 하이데거의 사상에 비추어서 우주신인론을 주창한 바 있다. 우리는 지금까지 하느님만을 신앙의 대상으로 삼아왔다. 그러나 우리 시대의 신앙은 땅과 하늘로 상징되는 우주와 사람과 신이 서로 하나로 이해되는 경우에만 그 참된 의미를 가질 수 있다. 우리는 우주와 하나이면서 물질과 영혼, 초월과 내재, 성과 속, 외부와 내부, 시간과 영원 사이에 존재하는 모든 간극을 해소할 수 있는 능동적이고 실천적인 힘을 소유하게 될 때에 비로소 하느님의 참 모습을 바라볼 수 있게 된다.

학생들과 함께 산에서 내려와 다시 교정을 찾았다. 울산대학교 학생회관과 스포츠센터 마당에는 가을국화 전시회가 절정에 이르고 있었다. 유치원 꼬마아이들이 손에 손을 잡고 기쁜 행렬을 이어가고 있다. 사방에서 셔터를 누르는 소리가 들려오고, 가을국화 앞에서 온갖 포즈로 자신을 뽐내려는 모습들이 아름답기만 하다. 서정주 시인은 한 송이의 국화꽃을

피우기 위해서는 밤새도록 천둥 번개가 치고 소쩍새가 울고 시집간 누님이 소박맞고 돌아와야 한다는 사실을 강조하였다. 불교의 연기(緣起) 사상이 이처럼 아름답게 표현되기도 어려울 것이다.

가을 햇살이 눈부신 가을국화 전시장에서 70여명의 아주머니와 할머니들이 하얀 티셔츠를 입고 노래를 부르기 시작하였다. '독도로 날아간 호랑나비' 노랫소리에 수백명의 유치원 아이들이 즐겁게 지켜보고 있었고, 계속해서 '사랑했나봐'를 노래하자 지나가던 꼬마아이들이 아예 멈추어 서서 할머니들의 노래를 감상하고 있다. 언양 서부복지회관의 노래교실(장선희: 울산대 철학과 박사과정)에서 가을국화를 구경하러 나온 김에 즉석 노래발표회를 가진 것이다. 웅촌과 상북 노래교실팀도 들렀다고 한다. 모두들 즐거운 표정이다. 가을국화들도 즐거운 모습이고 유치원 아이들도 마냥 즐겁기만 하다.

처음 지역사회와 하나가 되기 위하여 커뮤니티 데이를 제정했을 때만 하더라도 상당수의 대학인들은 쓸데없는 낭비라고 비판적으로 생각하였다. 그러나 이제 커뮤니티 데이와 가을국화 전시회는 유치원 아이들에서 할머니들에 이르기까지 가장 소중한 행사가 되었으며, 이들 모두에게 가을 땅과 가을 하늘, 그리고 하느님의 은총을 만끽할 수 있게 하는 축제로 승화되고 있다. (2005.11.07)

## 김상일 교수의 한철학 특강

한국신학대학교 철학과 김상일교수는 5월 3일 울산대에서 “철학의 아포리아와 우리말 ‘한’”이란 주제로 특강을 했다.

‘한사상’은 단군 이래 우리의 고유한 사상으로 알려졌으나, 오늘날에는 많은 사람들이 그 정확한 의미조차 모를 정도로 관심 밖으로 사라졌다.

김 교수는 중국의 문화목록어가 ‘도’(道)이고 인도의 문화목록어가 ‘무’(無)라면 우리 민족의 문화목록어는 ‘한’이라고 주장했다.

우리말 ‘한’에는 하나, 여럿, 같음, 가운데, 큼, 등 22가지 이상의 의미가 들어 있다. 특히 ‘한’은 ‘하나이다’, ‘크다’, ‘위대하다’, ‘하늘’, ‘한울’ 등을 뜻하는 데, 여기에서 우리의 고유한 신 개념이 나온다.

즉 기독교에서 사용하는 ‘하나님’이나 가톨릭에서 쓰는 ‘하느님’이 모두 우리 고유의 신 개념인 ‘한울님’으로부터 나왔다. 본래 유대교와 기독교에서의 신 개념이 ‘엘로힘’과 ‘여호와’인데 반하여, ‘하느님’과 ‘하나님’은 우리의 고유한 신 개념인 것이다.

김 교수는 우리말 ‘한’ 개념이 고대 그리스 철학의 주요 용어에도 반영되어 있다는 사실을 깨닫게 해 준다. 그리스어의 '헨'(hen)은 우리말 '한'과 같은 '일자'(一者)를 뜻한다. 우리말 '온'은 '모든 것' 혹은 '하나로 된 전체'를 뜻하는 데 그리스어 '온'(on) 역시 '존재'의 의미로 사용된다.

김교수의 한사상 연구는 매우 역사가 깊고 체계적이다. 그는 1980년대에 한 개념을 주로 역사와 언어학적 관점에서 연구했다고 한다. 수메르의 '안', 몽고의 '칸' 등도 우리의 '한'과 같은 개념이다.

1990년대에 그는 '한' 개념에 함축된 '하나'와 '여럿'의 문제를 현대 과학사상들과 비교 이해하는 연구에 몰두했다.

2000년대에 들어 와서는 원효의 『판비량론』을 중심으로 한사상을 주로 논리적인 측면에서 연구했다.

하나와 여럿의 문제는 논리학에서 미리오로지(mereology)라는 개념이 만들어질 정도로 매우 중요하게 다루어진다. 이 문제는 소크라테스와 플라톤의 철학에서도 자주 나타나는 문제였다.

그는 우리의 한 개념에는 '하나'와 '여럿'뿐만 아니라 '가운데'(中)의 의미도 들어 있으며, 원효가 그 모든 가능성을 부정하면서 새로운 하나, 즉 일심(一心)을 추구하는 점에서 칸토르, 러셀, 괴델 등의 학자가 지적한 역설을 선구적으로 해결하고자 노력했다고 평가했다.

한 교수는 과정신학의 선구자인 존 캅(John Cobb)의 지도 아래 과정철학적 관점에서 7세기 한국불교(원효, 의상, 원측)의 변천과정을 연구한 논문으로 박사학위를 받았으며, 한사상과 서양사상을 폭넓게 비교 연구함으로써 이 분야에서 독보적인 위치를 굳혔다.

다음 학기에 정년을 맞는 그는 미국 캘리포니아주 클레몬트시 소재 과정사상연구소의 한국학센터 소장으로 내정된 상태에 있으며, 향후 그의 학문적 활동이 더욱 왕성해질 것으로 기대된다.

김상일 교수는 한사상과 한철학에 대한 수많은 저서를 냈으며, 최근의 저작으로는 『수운과 화이트헤드』, 『동학과 신서학』, 『괴델의 불완전성 정리로 풀어본 원효의 판비량론』, 『원효의 판비량론 비교연구』, 『한의학과 러셀 역설 해의』 등이 있다. (2006.05.04)

# 칸트와 불교

## 1. 칸트와 불교사상의 비교 연구

필자의 주변에 있는 사람들은 지금까지의 연구 성과들 가운데서 칸트와 불교의 비교 연구를 가장 의미 있게 평가해주는 것 같다. 1988년에 독일 루어대학(보쿰)에 제출한 철학박사 학위논문에서 불교철학의 아포리아를 임마누엘 칸트의 요청이론과 에른스트 블로흐의 희망철학의 관점으로 다룬 바 있으며, 우리나라에 들어와서도 칸트와 불교의 비교 연구를 계속 해 왔기 때문이다. 이와 같은 연구 성과는 졸저 『칸트와 불교』(철학과현실사 2004)에서 확인해 볼 수 있다.

필자의 칸트와 불교에 대한 비교 연구는 한자경 교수의 논평으로 논쟁에 휘말리게 되었으며 철학지 서평, 교수신문, 법보신문 등의 지면을 통하여 논전이 확대되었다. 2003년에 예문동양사상연구원이 『오늘의 동양사상』 제8호에서 특집으로 다루면서 이덕진, 김종욱, 최인숙, 조성택 교수가 논쟁에 참여하게 되었고, 이에 대한 필자의 반론을 다시 김호성 교수가 논평함으로써 계속 확산되었다.

칸트 연구가가 보는 불교와 불교 연구가가 보는 불교는 근본적으로 다를 수밖에 없기 때문에 이 두 입장의 차이는 좁혀지지 않을 수 있다. 그럼에도 불구하고 두 가지 서로 다른 관점에서의 불교 해석은 불교철학의 고유한 문제를 다양한 방식으로 이해하고 드러내는 데 유용할 수 있으며, 불교 밖에서 불교의 문제가 아주 특별한 방식으로 구성될 수 있다는 하나의 사례를 제공할 수 있다는 점에서 의미를 찾을 수 있다. 이 논쟁들은 졸저 『무아윤회 논쟁』(울산대출판부 2004)에 정리 수록하였다. 칸트와 불교 연구 이후에도 필자는 『라이프니츠, 헤겔, 쇼펜하우어와 불교』(울산대출판부 2004), 『니체와 불교적 사유』(울산대출판부 2004), 『하이데거와 불교』(울산대출판부 2004), 『화이트헤드와 화엄형이상학』(울산대출판부 2004) 등의 간행을 통하여 불교사상과 서양철학의 비교연구하는 데 상당한 시간을 소진해 왔다.

필자는 그 동안의 비교연구에서 불교사상의 대표적인 난문제를 무아와 윤회의 양립 가능성이 어떻게 확보될 수 있는가에 있다고 보았다. 이 문제는 시각과 입장의 차이에 따라서는 처음부터 논란의 대상조차 되지 않을 수 있다. 불교에서의 문제 역시 철학보다는 종교적 신념이나 신앙으로 접근할 수 있기 때문이다. 그러나 불교사상사에서의 대표적인 논쟁들이 그저 이루어진 것이 아니고 그 특유의 논제 설정에서 비롯되는 필연적인 아포리아를 극복하거나 해소하기 위하여 전개된 것이라면, 그 다양한 논제들은 각각의 한계를 노정하고 있다고 볼 수 있다. 엄밀한 의미에서 불교에서의 모든 논제들은 방편에 지나지 않기 때문이다. 이런 입장은 불교사상을 포스트모더니즘, 그것도 매우 거대한 틀을 가진 포스트모더니즘으로 각인시킬 것이다. 그러나 필자는 불교사상의 아포리아를 거대한 포스트모더니즘이 아닌 모더니즘의 테두리 속에서 의미 있는 논의가 될 수 있도록 기획하고자 했으며, 그 중심에 바로 칸트의 요청적 사유방법론이 도사리고 있다.

필자는 1986년부터 칸트의 요청이론을 통하여 불교의 문제를 독해하고자 시도하였으며, 이러한 해석적 모험은 그 이후의 불교에 대한 철학적 사유 방향을 결정하였다. 그 당시 필자는 주로 독일어권에서 이루어진 연구 자료들, 특히 글라제나프(Glasenapp)와 쿠르트 라이더(Kurt Leider)의 불교 연구를 바탕으로 불교에서 가장 중요하다고 생각되는 철학적 문제들을 세 가지 형태로 정리하였다.

필자가 구성한 불교철학의 첫 번째 아포리아는 석가의 무아설(無我說)이 도덕적, 종교적 행위 주체와 어떻게 조화될 수 있는가의 문제였다. 석가는 무아설을 통하여 이론적 차원에서 생각할 수 있는 모든 가능한 실체적 자아 및 자기 동일성 개념을 부정하였으나, 다른 한편에서는 수행이론 또는 윤회설을 통하여 도덕적 실천과 종교적 수행을 가능하게 하는 주체 개념을 전제함으로써 현상적으로 모순되는 것처럼 보이는 이론을 제시하였다.

이와 같은 모순으로부터 다시 두 번째의 아포리아가 출현하는데, 그것은 바로 불교에서의 수행이론에서 어떻게 자유 개념이 확보될 수 있는가의 문제였다. 자유 개념은 윤리학의 근본요청으로서, 이 개념에 대한 전제 없이는 도덕적 실천이나 종교적 결단이 이루어질 수 없다. 뿐만 아니라 자유 개념은 도덕적, 종교적으로 행위 할 수 있는 실천 주체 없이는 상정될 수 없다. 따라서 자유 개념이 가능하기 위해서는 그에 선행하는 주체 개념이 확보되어야 하고, 윤회설에서 주도적으로 기능하고 있는 불교적 세계의 구속성과 관련된 '업'(業, Karma)으로부터 독립성을 가질 수 있는 근거가 마련되지 않으면 안 된다.

무아설과 윤회설 사이에서 필연적으로 제기되는 동시에 도덕적 종교적 수행 주체의 존재를 선구적으로 요구하는 불교적 행위 주체 및 자유의지의 문제로부터 불교철학에서의 세 번째 아포리아가 출현하는데, 그것은 바로 불교적 세계관에서 궁극적 가치 또는 최고선(höchstes Gut)으로 추구되는 니르바나적 세계질서(nirwanische Weltordnung)의 개념들이 실제로 깨달은 자들이 도달한 이상적인 세계인가, 또한 동시에 그것은 우리에게 완전한 행복을 보증할 수 있는 가의 문제이다. 성불(成佛)로 특징지어지는 불교적 최고선의 개념 규정은 소승불교에서는 타당성을 가질지 모르지만, 대승불교에서는 여전히 성취되지 않으면 안 되는 세계질서가 결여된 상태에 있으며, 실존적 차원을 넘어서는 니르바나적 세계질서의 무한 확장을 위하여 보살(Bodhisattva)들의 활동을 요청하고 있다.

## 2. 칸트사상을 매개로 한 불교 이해

필자의 불교철학 이해는 칸트철학의 지평으로부터 시작되지만, 칸트 스스로 인도사상이나 불교철학에 대하여 해박한 지식을 가졌던 것은 아니다. 칸트 시대의 서양에서는 아직 석가나 불교에 대해서 직접적인 지식이나 체계적인 연구가 정립되지 않았다. 그럼에도 불구하고 칸트의 철학적 사유는 불교의 그것을 이해하는데 많은 기여를 하고 있다. 이는 마치 칸트가 음악이론에 대해서 거의 무지하였으면서도 그의 예술 이론이 음악미학에 결정적인 영향을 끼쳤던 것과 비슷하다.

칸트가 인도철학에 대해서 무엇을 알고 있으며, 어떻게 말하고 있는가는 헬무트 글라제나프(Helmuth Glasenapp)의 책 『칸트와 동방의 종교』(*Kant und die Religionen des Ostens*. Königsberg 1944)에서 확인할 수 있다. 칸트는 쾨니히스베르크 대학(Albertus-Universität in Königsberg)에서 40년 동안(1796년까지) 자연지리학 강의를 맡았으며, 이 강의에서 인도와 불교 문제를 단편적으로 다루었다.

칸트는 "나는 무엇을 알 수 있는가?", "나는 무엇을 해야 하는가?", "나는 무엇을 희망해도 좋은가?"라는 세 가지 물음을 근본 영역으로 제시하면서, 이 물음들이 "인간이란 무엇인가?"라는 하나의 물음으로 통일된다고 말한 바 있다. 칸트 철학의 주제는 바로 인간이 무엇인가를 밝히는 데 있으며, 이는 불교철학의 고유한 과제이기도 하다. 칸트는 『순수이성비판』에서 이론철학의 한계를 설정하면서 이론적으로 증명될 수도 없고 반박될 수도 없는 이성의 세 가지 대상 개념들, 즉 영혼, 세계(자유), 신의 이념들을 규정하였다. 칸트는 이런 개념 대상들을 우리가 이론적인 방식으로는 결코 접근할 수 없다고 분명히 하였다. 다시 말하면 자아존재의 정체성을 담보해 주는 영혼의 존재, 자연법칙의 인과성으로부터 독립적

지위를 가지고 있는 자유 개념의 영역, 그리고 신 존재에 대한 이론적 지식이 불가능하다는 입장을 취한 것이다.

그러나 칸트는 『실천이성비판』에서 인간이 도덕적으로 행위해야 하는 타당한 근거를 제시하는 과정에서 도덕적 노력에 비례적으로 부합되는 행복을 적절하게 배분할 수 있는 이른바 도덕적 세계질서로서의 최고선 개념이 상정될 수 있기 위해서는 일관되게 도덕적으로 행위할 수 있는 자유로운 실천 주체의 존재가 있어야 하고, 그런 행위 주체의 도덕적 실행 여부를 공정하게 판단할 수 있는 전지전능한 하느님의 존재가 필연적으로 요구되지 않으면 안 된다고 생각하였다. 다시 말하면 이론적으로 그 존재에 대한 판정이 유보되었던 행위 주체(영혼), 자유, 신의 존재가 최고선의 완전한 실현을 위한 가능 조건으로서 요청되었던 것이다. 이것이 바로 그 유명한 칸트의 '요청'(Postulat) 개념이다.

석가의 초기 불교사상에서도 이와 유사한 상황이 발생하지만, 그는 칸트가 취한 논리적 절차, 즉 요청이론의 도입 없이, 한편으로는 모든 형이상학적 실체를 부정하면서도 다른 한편으로는 수행적 주체를 상정하는 방식을 취하였다. 석가는 세계영혼인 브라만과 개체영혼인 아트만을 비롯한 모든 가능한 형이상학적 실체 개념을 부정하면서도 도덕적 또는 종교적인 맥락에서 실천적 수행을 언급하는 곳에서는 어김없이 그리고 언제나 이미 실천 주체를 전제하였던 것이다. 그러나 석가가 무기, 방편, 주장들의 형식을 통하여 드러내고 있는 무아설과 윤회 및 해탈이론은 그 의미내용에 있어서 현상적으로 상호 충돌하거나 모순적인 것으로 보인다.

### 3. 무기(無記)의 철학적 의미

칸트와 석가의 사유 패턴에서 가장 두드러진 차이는 무기(無記)에서 드러난다. 칸트가 인간의 인식 능력, 즉 이성의 기능과 한계에 대하여 분명하게 정리한 것과는 달리 석가는 회피적인 태도를 취하였다.

'무기'(無記, avyākata, skt. avyākṛtavastūni)란 석가가 그 당시의 형이상학적 물음들에 대하여 적극적으로 어떤 대답도 하지 않고 침묵한 것을 말한다. 이는 당시의 철학적 논의와 형이상학적 주장들의 옳고 그름에 대하여 석가가 분명한 대답을 보류하고서 침묵했다는 것을 말한다. 『중아함경』의 「전유경」(箭喩經)에 나오는 만동자 또는 마룬카풋타(鬘童子, Māluṅkya-putta)는 홀로 좌선을 하는 중에 형이상학적 물음들에 대한 석가의 무기적 태도에 대하여 의심하기 시작했다. 석가는 세상이 영원한가 그렇지 않은가, 무한한가 그렇지 않은가에 대하여 답변을 유보하였다. 또한 석가는 사람의 목숨(命)이 곧 몸(身)인가 그렇지 않은가, 부처님은 사후에도 존재하는가 그렇지 않은가 등에 대하여 일체의 언술을 피하였다.

석가의 침묵에 대해서는 다양한 해석이 가능할 수 있다. 실천적이고 실용주의적인 해석은 마룬카풋타의 물음들이 석가가 가르치고자 하는 핵심, 즉 사성제 진리에서 벗어난다고 생각하였기 때문에 회피하였다고 진술한다.

용수(龍樹, Nagarjuna, 150~200년경)는 『중론』(中論)에서 석가의 무기를 연기법에 기초하여 희론을 적멸하려는 시도라고 보았다. 그러나 모든 것이 공하여 생성되는 것도 없고 소멸되는 것도 없으므로, 끊고(斷) 사라지게(滅) 할 것조차 없다면, 당연히 열반을 바라는 것도 있을 수 없고 그것을 바랄 수도 없을 것이다. 열반은 바로 공이다. 이런 해석에 의하면 애초부터 질문하는 사람도 질문 그 자체도 공이므로 질문에 대한 대답을 할 필요조차 없는 것이다. 그러나 세친(世親, Vasubandhu, 4~5세기)은 석가의 무기가 질문자나 질문자의 의도, 마음상태, 정신능력, 그리고 그들이 갖고 있는 개념과 명칭의 비정합성까지 모두 고려한 결과라고 보았다.

리즈 데이비즈(Rhys Davids)는 석가가 우파니샤드적 전통에 토대를 두고 여러 곳에서 영혼의 존재를 주장했다고 보았다. 그녀에 의하면 석가 시대에는 오온설(五蘊說)이 아직 존재하지 않았으며, 후대에 이르러서 자아의 실재성이 오온설로 대체되면서 전적으로 부정되었다고 주장한다. 그렇다면 석가의 무기설은 자아 존재의 부정과 아무런 관계가 없다.

이와 반대로 올덴베르크(Oldenberg)는 석가의 무기가 단멸론적 입장을 강화하기 위한 시도인 것처럼 해석한다. 석가 이론의 핵심명제는 존재하는 모든 것의 참된 본질은 '무'라는 사실에 있다. 밧차고타와의 논쟁을 통하여 확립한 불교 이론의 근본 전제는 바로 '자아란 없다'는 사실이다. 이러한 해석을 바탕으로 그는 불교사상을 허무주의로 이해함으로써 무아설을 정형화하였다.

나카무라 하지메에 의하면 석가는 전통적인 철학자들과 사제들의 논쟁에 대하여 비판적인 태도를 유지하였는데, 그것은 어떤 입장이든지 그것만이 옳다는 단정적인 태도를 취할 경우에는 독단에 빠지게 된다고 믿었기 때문이다. 그래서 석가는 나와 세계의 영원성과 무상성, 몸과 영혼의 관계, 사후 인격 존재의 문제 등에 대하여 대답하지 않았다는 것이다.

자야틸레케(K.N. Jayatilleke)는 그의 저서 『초기불교인식론』(*Early Buddhist Theory of Knowledge*. London 1963)에서 석가의 무기를 유형적으로 분석하고 있다. 그는 석가의 무기를 네 가지 유형으로 해석하였다. 석가에게 제기된 물음들이 원리적으로 답변될 수 있는 것일 때, 무기는 두 가지로 해석될 수 있다. 하나는 석가가 그 물음들에 대한 대답을 알지 못했을 가능성이고, 다른 하나는 알았지만 그것들이 종교의 핵심 문제가 아니고 영적 지식이나 구원을 얻는데 적절하지 않았을 가능성이다. 첫 번째의 경우는 회의주의(scepticism)나 소박한 불가지론(naive agnosticism)에 해당되고, 두 번째 경우는 실용주의(pragmatism)에 해당된다. 석가의 무기가 회의주의나 불가지론과 유사하다는 케이트(Keith)의 주장에 동조하는 사람은 거의 없다. 석가의 무기가 실용주의적 측면에서 해석될 소지가 있다는 주장에 대해서도 자야틸레케는 그 충분한 근거가 없다고 일축한다.

석가에게 제기된 물음이 원리적으로 답변될 수 없는 것일 때도 무기는 두 가지로 해석될 수 있다. 그 하나는 제기된 물음들이 지식의 한계를 넘어서서 인간의 지성으로는 파악할 수 없는 경우이고, 다른 하나는 그 물음들 자체가 논리적으로 무의미한 경우이다. 첫 번째 것은 합리적 불가지론(rational agnoticism)에 해당되고, 두 번째 것은 논리실증주의(logical positivism)에 해당된다. 석가의 무기가 합리적 불가지론에 해당된다는 주장은 베크, 무르티, 라다크리슈난에 의하여 제기되었다. 이는 칸트의 이율배반과 매우 유사한 구조를 가진 것처럼 보이지만 엄밀하게 서로 다르다. 칸트는 합리적 불가지론을 취했지만 석가는 아무런 태도도 취하지 않고 침묵했기 때문이다. 석가의 무기가 논리실증주의적 특성을 갖는다는 해석은 칼루파하나에 의해서 시도되었다.

## 4. 무기의 칸트주의적 해석

무기에 대한 칸트주의적 해석은 체르바츠키, 무르티, 쿠르트 라이더 등의 학자에 의하여 시도되었다. 그러나 콘즈(Edward Conze)는 칸트의 이율배반과 석가의 무기는 다르다고 보았다.

러시아 불교학자 체르바츠키(Theodor Stcherbatsky)는 『열반의 개념』(*The conception of Buddhist Nirvana*. Delhi 1977)이라는 저서로 우리에게 잘 알려져 있는 사람이다. 그는 불교에도 서양철학과 유사한 사상이 있다는 것을 알리고자 노력하면서, 칸트적인 방식으로 중관불교를 해석하고자 하였다. 그는 석가의 무기를 칸트적인 의미에서의 변증론으로 이해하였다. 석가는 영원주의에 반대하여 아트만을 부정하였으나 물질주의에 반대하여 도덕적 책임을 강조하였다. 체르바츠키는 이 두 유형의 형이상학적 극단에 대한 석가의 무기가 두 극단에 대한 묵인은 아니라고 생각하였다. 석가는 오히려 베단타학자들이 브라만의 초월적 성격을 확신시키기 위하여 침묵한 것과 같은 맥락에서 절대자에 대한 표현 불가능성을 무기로 나타내었던 것이다.

무르티(T.R.V. Murti)는 『불교의 중심철학』(*The Central Philosophy of Buddhism*. London 1970)에서 석가의 무기가 칸트의 이율배반설이나 중관파의 사구(四句)와 유사하다는 사실에 충격을 받았다고 밝혔다. 무기에 대한 무르티의 칸트적인 접근은 석가와 칸트가 직면하였던 사상사적 유사성의 발견으로부터 시작된다. 무르티는 형이상학적 난문들에 대한 석가의 해결방식, 즉 무기는 이성의 모순이 경험적인 차원에 존재하는 것이 아니기 때문에 경험적 사태에 호소해서는 해결할 수 없다는 사실을 보여주었다고 해석한다. 석가의 침묵은 초월적 실재의 경험적 범주에 대하여 진술하기를 거부한 이른바 '형이상학적 사변에 대한 거부'였으며, 중관철학은 인도철학에서의 상반된 사상적 전통, 즉 유아론파와 무아론파의 갈등을 해소하려는 시도에서 탄생했다는 것이다.

### 5. 무기(無記)에서 요청(要請)으로

석가의 무기는 여러 상황에서 여러 가지 이유와 근거에서 방편적으로 사용되었다. 따라서 무기에 대한 철학적 의미 분석은 우리로 하여금 칸트와 석가의 차이를 분명하게 하는 데 일조할 수 있다.

첫째로 석가는 분명히 그의 독특한 무기적 태도를 통하여 기존의 철학적 전통을 극복하려고 시도하였다는 점이다. 그는 경전적인 전통이나 종교적 계시로부터 지식의 권위를 부여하려는 전통주의자들의 주장을 부정하였다. 또한 그들의 지식을 추론과 사유에서부터 도출하려는 합리주의자들, 즉

초기 우파니샤드의 형이상학자들, 회의주의자들, 물질주의자들의 주장을 일축하였다. 또한 석가는 초감각적 지각을 포함한 모든 지식을 그 자신의 경험 위에서 정초하려는 경험주의자들을 배척하였다. 석가의 무기는 분명 전통적인 모든 형이상학적 철학적 태도에 대한 부정인 동시에 판단중지였다. 그러나 석가가 무기적 태도를 취할 때 모든 가능한 형이상학과 철학적 입장의 한계를 비판하려고 하였는지 그렇지 않으면 새로운 형이상학이나 철학의 구축을 위한 예비 작업을 기도하였는지는 단정할 수 없다.

둘째로 무기의 철학적 의미구조에 대해서는 앞서 살펴본 바와 같이 회의주의와 불가지론, 실용주의, 비판주의, 논리실증주의, 절대관념론 등, 여러 입장에서 논의가 가능할 수 있다. 사실상 지금까지의 불교학자들은 이 문제를 어떤 특정한 관점에서 해결하려고 함으로써 다른 해석의 여지를 차단해 왔다. 그러나 석가는 마룬카풋타와의 대화와 「청정경」과 「범동경」의 출전에서 실용주의적 입장뿐만 아니라 이론적, 실천적, 종교적 차원에서 무기적 태도가 취해졌다는 사실을 분명히 하고 있으며, 밧차고타와의 대화에서도 비판주의적, 변증론적 입장이 개진되어 있음을 간파할 수 있다. 따라서 석가의 무기에는 기존의 불교학자들이 주장해 왔던 여러 유형의 학문방법론적 성격들이 모두 함축되어 있다고 보아야 할 것이다.

셋째로 석가는 무기적 태도에 자체적으로 모순되는 명제들을 무비판적으로 사용했다는 사실이다. 무기는 모든 형이상학적 주장에 대한 유보들 의미하지만, 석가는 다른 곳에서 그 자신의 주장과 상반되는 형이상학적 실체들에 대하여 무비판적으로 언급하고 있다. 칸트가 순수이성에 대한 비판 작업을 통하여 도달한 이성의 가상(Schein) 개념을 규제적으로 접근한 것과는 반대로 석가는 그 자신이 부정하거나 침묵하였던 형이상학적 주장들과 명제 및 개념들을 그대로 사용하고 있다. 칸트에서는 요청을 통하여 사실성을 부여받는 것과는 달리 석가의 경우에는 방편으로 기술되고 있다. 석가의 무기적 태도와 원시불교의 기본사상에는 내적 모순이 도사리고 있는 것이다. 석가가 새롭게 제시한 사유체계, 즉 사성제와 중도의 진리 속에서는 그가 회피하고 해소하려고 의도하였던 독단주의적 아포리아가 되살아나고 있다. 이러한 사실들은 초기경전에서 석가가 주장한 삼법인(三法印) 사상에서도 확인할 수 있다. 여기에서는 세계현상에 대한 석가의 근본입장이 드러나고 있다. '제행무상'(諸行無常)과 '제법무아'(諸法無我)는 모든 형이상학적 실체의 존재를 부정하는 명제이며, 이로부터 석가가 제시한 원시불교적 무아설이 정형화되고 있다. 이와 반대로 '일체개고'(一切皆苦)와 '열반적정'(涅槃寂靜)은 종교적 행위주체로서의 자아 개념을 전제하고 있다. 가장 본래적인 초기의 불교이론에는 '주체의 해체'와 '주체의 구성'을 동시에 지지하는 모순된 명제가 양립하고 있는 것이다. 이 문제는 석가 당시의 사람들에게도 잘 알려져 있었고, 그 이후의 불교이론가들이 여러 학설과 주장을 제시하였으나 오늘날에 이르기까지 적절한 해결책을 구하지 못하고 있다.

넷째로 석가의 무기 및 그로부터 새롭게 제시되는 사성제설은 칸트와의 선험주의적 유사성 발굴을 통하여 접근할 수 있을 것이다. 체르바츠키와 무르티는 변증론적 해석, 그리고 쿠르트 라이더는 절대선험주의적 해석을 각각 석가에게 적용하면서도, 비교 작업의 본질적 의미는 망각한 채로 석가가 칸트보다 우월하고 근본적인 선험철학자라는 부차적 논의에만 치중하였다. 석가와 마찬가지로 칸트는 그 이전의 이성론과 경험론의 전통에서 극단적으로 치달았던 독단주의와 회의주의를 비판하고 선험주의 철학을 제시하였다. 이를 위하여 칸트는 경험 및 이론적 지식의 한계를 설정함으로써 이론적 학문으로 다루어낼 수 없는 것들을 분명하게 구분하였다. 칸트는 우리의 이성이 감성의 한계를 넘어서서 초월의 영역으로 비약하려는 성향을 갖고 있다는 사실을 지적하면서, 그와 같은 대상 개념들을 결코 감관에 부합되지 않을 뿐만 아니라 경험적으로 상응하는 대상이 없는 '초월적 가상', 즉 '이념'(Idee)이라고 규정하였다(*KdrV*, A326). 칸트가 실천적인 영역에서 사용하고 있는 형이상학적 명제들은 이론철학에서의 실재성을 구비한 현실명제들이 아니라 도덕법의 구속성을 확보하기 위하여 요구된 것들이다. 칸트는 이성의 이론적 사용과 실천적 사용에 필요한 변증론을 각각 기술하고 있지만 석가는 그런 작업을 하고 있지 않다.

다섯째로 석가 역시 그의 무기적 태도에도 불구하고 새로운 선험주의적 변증론에 직면할 수밖에 없었다. 물론 석가에 의하여 새롭게 기술되어야 할 변증론은 칸트에 의하여 기술된 변증론과 그 성격이나 내용을 달리 할 수밖에 없을 것이다. 칸트와 석가는 세계관적 전제가 다르고 실천적 목표 지향점도 다르게 설정하고 있기 때문이다. 그러나 석가는 이 새로운 변증론을 기술하지 않았다. 그리고 석가는 여러 곳에서 무기적 태도를 통하여 그 자신이 부정하거나 침묵하였던 사실명제들을 아무런 비판적 규정 없이 다시 사용하였다. 그의 종교적 주장들은 방편이라는 독특한 방식으로 시설되고 있으며, 더 나아가서 오늘날 불교적 진리로 받아들여지고 있는 중도연기설과 사성제설 등에서 수행적 주체 개념은 언제나 이미 승인되고 있다. 다시 말하면 무기적 단계에서는 어떤 확정적인 답변도 거부되었던 영혼이나 자아와 같은 주체의 문제가 삼법인과 사성제설의 차원에서는 이미 전제되고 있다는 것이다. 바로 이런 사실로부터 석가의 무기적 태도에 의하여 일단 부정되거나 보류되었던 실체적 주체의 존재가 실천철학적, 종교적 차원에서 승인되고 있는 사실을 어떻게 해석해야 하는가라는 새로운 문제, 즉 무아설과 윤회설 사이에서 필연적으로 모순이 발생하는 것이다. 이 문제는 칸트의 선험철학에서 제기된 다른 물음들, 즉 자유(세계)와 신 존재의 문제들과 유사한 구조를 갖고 있는 불교적 세계지평 안에서의 자유 설정의 가능성과 니르바나적 세계질서의 성격 규정에 대한 아포리아를 배태하고 있다.

### 6. 무아설과 윤회설의 문제

불교철학에서 가장 전통적이고 중요한 철학적 물음은 무아설과 윤회설 사이의 관계설정에 대한 것이다. 가장 일반적인 논쟁의 형태는 무아설과 윤회설이 상호 모순적이라는 주장과 양립 가능하다는 주장 사이에서 제기된다. 그러나 이 논쟁은 불교에서의 무아설과 윤회설이 기존의 그것과 어떤 차이를 갖고 있는가에 대한 해석상의 문제와 연관되어 있다. 어떤 이들은 무아설을 주장하고 있지만, 그 주장 내용을 살펴보면 특정한 형태의 자아존재를 전제하기도 하고, 혹자는 윤회설을 주장하면서도 윤회의 주체를 부정하는 경우가 있다. 따라서 불교에서의 무아윤회 논쟁은 무아설과 윤회설에 대한 개념 해석상의 차이에 따라서 매우 다양한 형태로 전개되어 왔던 것이다.

브라만적 사고에 젖어있던 석가 당시의 사람들에게 그의 무아설은 쉽게 이해되지 않았다. 석가 이전의 주체 개념은 실제로 서구철학적 주체 개념과 유사한 것이었다. 석가가 새롭게 제시한 무아의 개념은 분명히 서구적이거나 브라만적인 실체적 주체 개념과는 다른 것이었다. 그러나 석가가 모든 가능한 주체를 부정한 것은 아니지 않는가라는 의문이 끊임없이 제기되었고, 실제로 많은 경우에는 지금 우리가 나 자신이라고 생각하고 있는 것이 참된 나의 모습[眞我]은 아니라는 의미에서의 비아설이 강조되기도 하였다. 즉 무아설을 절대적으로 승인할 경우에는 현상적 자아[假我]를 설정하는 것 역시 무의미하다. 왜냐하면 가아 역시 특정한 시간 공간 속에서의 연속적 계기성과 인격적 동일성을 전제하고 있기 때문이다. 무한한 시간 공간 속에서 서로 다른 가아들의 형성 사태들로부터 깨달은 자가 출현한다고 가정하는 것 역시 무아설을 절대화할 경우에는 전적으로 불가능하고 무의미하게 된다.

석가는 일차적으로 아트만의 존재를 부정하고 있다. 그러나 석가는 다시 특별한 설명 없이 아트만의 존재를 인정하고 있다. 전자에 충실한 제자들은 극단적인 무아설에 이르게 되고, 후자를 따르는 제자들은 무아설의 극단화를 피하여 현상존재를 조건적으로 승인하거나 여러 가지 형태의 존재요청을 시도하였다. 그러나 석가의 설명에 의하면 어떤 경우에는 부정되고 어떤 경우에는 인정되기도 하는 존재자들은 스스로 존립하는 것이 아니라 여러 가지의 법에 의하여 서로 매개되어 발생하는 것이다. 모든 것은 스스로 그것이지 못하고 그것을 이루어내는 여러 가지의 계기들에 의하여 비로소 어떤 특정한 모습을 드러내게 된다. 그러나 그것은 존재하는 즉시 그것과 다른 어떤 것으로 이행하게 되는 것이다.

업설 또는 윤회설은 고통으로부터의 해탈이나 열반을 주제화하고 있으며, 따라서 필연적으로 인격적 통일성을 가진 주체의 존재를 전제하고 있다. 이 이론은 이전의 것과 지금의 것이 현상적으로는 전혀 다른 모습으로 존재하더라도, 그 둘 사이에 동일성의 비밀이 은폐되어 있다는 전제 하에서만 성립될 수 있다. 따라서 카르마 및 윤회신앙은 자연현상이 법칙적으로 생기하는 것처럼 인간의 모든 행위 사실들 역시 법칙적으로 승계된다는 것을 내용으로 하고 있으며, 이것이 가능하게 되기 위해서는 도덕적 행위주체의 존재, 그리고 자연법과 도덕법의 구조 동일성이 전제되어야 하는 것이다. 윤회설에 근거하여 우리는 불교를 가장 세련된 형태의 도덕종교로 이해할 수 있게 된다.

카르마는 우파니샤드에서부터 윤리적 행위로 발전되다가,

불교신앙에 이르게 되면서 그 도덕주의적 측면을 완전하게 구비하게 되었다. 불교에서는 현세적인 인간적 삶의 차이가 전생에 지은 업에 의하여 결정된다고 보았다. 그러나 불교는 실체적 주체 개념을 파기하면서 카르마 이론을 수용하였기 때문에 복잡하고 혼란스럽게 되었다. 이러한 사태는 『잡아함경』의 한 구절에서 극명하게 드러나고 있다: "업의 과보는 있지만 그것을 짓는 자는 없다"(大正藏, 2, p.92 c: 有業報而無作者). 따라서 불교의 사상적 특징을 무아설로 규정할 경우에 필연적으로 카르마 이론과 모순되지 않는가라는 물음이 제기될 수밖에 없다. 그리고 이러한 모순의 해체 노력이 불교사상사를 발전시켜 왔던 것도 사실이다.

불교에서는 업력을 담지하여 과보로서 전달하는 실체적 자아존재를 부정하지만, 그렇다고 해서 현상적인 행위주체의 존재까지를 부정하는 것은 아니며, 그와 같은 현상적 주체는 참된 의미에서의 주체가 아니라는 사실을 지적하는 선에서 무마시키려는 경향이 강하게 나타난다. 가아(假我)를 전제함으로써 이타적인 자비행이나 윤회설을 가능하게 하려는 것이다. 가아는 불변적 고정적인 주체가 아니기 때문에 악행에 의하여 악하게 될 수 있고 선행에 의하여 선하게 될 수 있는 가능적 존재이다. 그러나 이 같은 가아의 설정만으로 문제가 해결되는 것은 아니다. 이전의 가아와 지금의 가아, 그리고 다음에 나타나게 될 가아 사이에 어떤 인격적 동일성의 근거가 없다면 카르마 이론이 들어설 자리가 없고, 그런 것이 있다면 무아설은 더 이상 아무런 의미도 없어지기 때문이다.

따라서 무아설과 카르마적 연기설의 문제를 연기론적 입

장에서 보면 무아설이 어떻게 이해될 수밖에 없는지 분명하게 된다. 무아설의 입장에서 아트만이라고 할 수 있는 것도 없고, 그것이 아니라고 할 것도 없었다. 모든 것은 그것이 아닌 동시에 그것이 아닌 것도 아니었다. 그래서 사람들은 이것이 주체적 존재를 긍정하는 것인지 부정하는 것인지를 헤아릴 수가 없다. 그러나 카르마적 연기설의 입장에서 이 문제를 들여다보면, 그것이 아니면서 그것이 아닌 것도 아닌 어떤 존재자의 행위 사실은 모두 보존되어 이전의 존재자와 전혀 다른 모습으로 출현하게 되는 지금의 것에 대하여 승계된다. 다시 말하면 무아설의 입장에서는 확인되지 않았던 도덕적 실천의 주체 존재와 그 인격적 동일성이 전제되고 있는 것이다. 카르마적 연기설의 측면에서 바라볼 경우에 불교의 수행이론 및 열반의 가능성 조건으로서 도덕적 행위주체의 존재가 필연적으로 요구되지 않으면 안 된다.

무아설과 윤회설은 모순적이다. 이 두 이론의 양립 가능성에 대한 주장은 어느 한 편의 입장을 상대화함으로써만 가능하다. 먼저 무아설을 약화시키는 방식을 생각할 수 있다. 무아설이 참된 자아 존재를 부정하기보다는 일상적인 자기의식에 대한 집착에서 벗어나게 하기 위한 목적에서 도입되었다고 해석할 경우에, 그것은 현상적 자아 존재를 부정하면서도 순수 자아 또는 진아(眞我)의 존재를 설정할 수 있게 된다. 그리고 이와 같은 진아는 윤회를 가능하게 하는 조건명제로 상정될 수 있다. 그러나 이 경우에는 석가가 브라만 사상과 육사외도의 철학을 지양하면서 새로운 대안으로 제시하고자 하였던 무아설의 본질은 크게 훼손될 수밖에 없을 것이다. 윤회와 해탈을 전제하게 되면 무아설은 들어설 자리가 없게 되기 때문이다.

다른 한편 윤회설을 약화시키는 방식을 생각할 수 있다. 무아윤회설의 지지자들은 현상적 자아 존재(假我)를 인정하지만 그 배후에 순수 자아 또는 진아가 존재한다는 사실은 부정한다. 그리고 가아는 인격적 자기 동일성을 가진 주체가 아니라고 생각한다. 그렇다면 가아의 윤회는 아무런 인격적 계기성을 담보하고 있지 않으며, 따라서 불교적 수행이론 자체를 무의미하게 만들 것이다. 이들은 자아가 없는 윤회가 가능하다고 하지만, 그것은 엄밀한 의미에서의 윤회가 아니고 변화에 지나지 않는다. 그와 같은 변화 속에 자기 동일성을 가진 주체가 들어설 수 없다면 윤회가 들어설 자리도 사라지게 된다.

자아가 존재하지 않는다는 사실, 즉 어떤 형태의 형이상학적 주체 개념이나 자기 동일성 또는 본질을 담보하고 있는 내가 존재하지 않는다는 사실은 모든 가능한 철학적 사유나 윤리적 실천, 그리고 종교적 희망의 가능성을 부정하는 담론 윤리학적 지평상실인 동시에 지반해체를 의미한다. 현상적으로 분명히 나는 존재한다. 그런데 현상적으로 존재하는 나를 구성하고 있는 것이 무엇이고, 그런 구성분자의 총합이 나인가는 분명치 않다. 왜냐하면 나를 구성하는 것들을 해체할 경우에 우리는 그것들을 완전하게 해체할 수 있는 능력을 갖고 있지 않으며, 구성인자들의 변화를 주도하는 시간적 계기를 저지하거나 수정할 수 있는 능력도 갖고 있지 않기 때문이다.

모든 것이 불성을 가진 존재이고 모든 것이 순간적 잘못으로 사악한 존재로 될 수 있다면, 그것은 왜 하나의 우주적 전체일 수 없는가? 분명한 것이 있다면 현상 속에 드러난 존재 진리는 부정할 수 없다는 사실이다. 그와 같은 현상 속에 내가 있다면 나는 존재하는 것이다. 그리고 그와 같은 나의 존재가 무엇으로 되는가에 대해서는 어떻게 말하든지 상관이 없을 것이다. 그래서 우리에게는 선험철학적 깊이의 문제만이 남게 된다.

선험철학적 깊이의 차원에서 새로운 불교해석의 지평을 여는 작업이 필요하다. 그것은 칸트의 요청적 사유방법론을 통하여 불교철학의 실천적 변증론을 재구성하는 작업이 될 것이다. 칸트는 이론이성의 비판을 통하여 가능한 지식의 한계를 설정하는데 그치지 않고 이론적인 이성 사용의 측면에서는 유보할 수밖에 없었던 이성의 대상개념들을 도덕적 실천을 가능하게 하는 조건명제로서 요청하였던 것이다. 이와 같은 요청명제에는 자유의 요청, 영혼불멸성의 요청, 그리고 신 존재의 요청이 속한다. 새롭게 기술되어야 할 불교철학의 변증론은 무아설과 윤회설 사이의 모순에서 비롯되는 좌초될 수밖에 없는 불교적 최고선을 실현 가능하게 하는 조건명제로서 실천적 행위주체의 요청, 자유존재의 요청, 그리고 니르바나적 세계질서의 요청을 상정할 수 있다.

### 7. 불교적 실천이성의 변증론

석가의 사상은 그의 출생을 전후한 인도사상계의 동향과

긴밀한 관계를 맺고 있다. 당시 인도의 사상적 흐름은 정통과 이단, 즉 바라문과 사문이 대립하는 양상을 보이고 있었다. 석가는 이른바 사문의 신진세력으로 부각되고 있었다. 바라문(婆羅門, brahmana)은 베다 성전을 신봉하는 사제자(司祭者)들이었다. 이들은 인도 고유의 전통 사상인 우파니샤드를 신봉하였으며, 계급을 세습하고 혈통의 순수성을 존중하였다. 그들은 인간의 내면에 존재하는 아트만이 우주의 근본원리가 되는 브라만과 같은 것이라는 이른바 범아일여(梵我一如)의 철학에 침잠하는 삶을 살았다.

그와 반대로 사문(沙門, samana)은 전통적인 계급제도로부터 이탈하여 독자적으로 자유로운 사상을 개진하고 정진해 나가는 혁신적 사상가들을 지칭한다. 이들은 철학적으로 매우 다양한 주의, 주장들을 내세우고 있었다. 석가는 바라문과 그보다 선행하는 사문들의 여러 입장을 모두 부정하고 새로운 대안을 제시하려고 시도하였다. 고대 인도에서의 이 다양한 사상들을 우리는 육사외도(六師外道)라고 부른다.

석가는 푸라나 캇사파(Purana Kassapa)의 도덕부정론(道德否定論)을 비판하였다. 푸라나 캇사파는 사람들이 살생, 도둑질, 간음, 거짓말 등을 한다고 해서 악을 행한다고 볼 수 없으며 그에 대한 과보(果報)도 생기지 않으며, 또한 그 반대의 경우도 마찬가지라고 주장한다. 그리하여 그는 모든 선악의 행위 구분과 미래적 과보를 모두 부정하였다.

석가는 막칼리 고살라(Makkhali Gosala)의 숙명론(宿命論)을 비판하였다. 고살라는 윤회의 반복과 해탈은 인간의 의지에 근거하지 않으며, 자연의 정하여진 상황과 본성에 의하여 결정된다고 주장한다. 그는 업(業)에 의한 윤회 전생을 부정하지만, 윤회의 주체인 영혼의 존재는 인정하였다. 그러나 이 영혼은 한갓 지수화풍(地水火風)이나 허공(虛空)과 같은 물질 존재에 지나지 않는다. 그러므로 도덕은 성립하지 않으며 실천생활의 지도 이념도 역시 성립될 수 없다고 주장했다. 그러나 그는 생활법의 규정을 엄격하게 지키는 자라는 뜻을 가진 아지비카(Ajivika) 교단을 창설함으로써 그의 사상과 모순되는 결과를 자초하였다.

석가는 아지타 케사캄바린(Ajita Kesakambalin)과 챠르바카(Carvaka)의 유물론(唯物論)을 비판하였다. 이들은 지수화풍(地水火風) 네 가지 물질만이 참된 실재이고 영혼은 존재하지 않는다고 믿었다. 따라서 도덕적 행위주장과 인과설 및 윤회사상은 근본적으로 부정된다.

석가는 파쿠다 캇차야나(Pakudha Kaccayana)의 일곱 요소설(七要素說)을 비판하였다. 그는 지수화풍의 사원소설(四元素說) 이외에도 고(苦)와 락(樂), 그리고 영혼(命我)의 존재를 주장하였다. 이 일곱 가지 원소는 영원하고 독립적이어서, 만일 어떤 사람이 사람을 죽인다 할지라도 날카로운 칼날은 일곱 요소들 사이를 관통하기 때문에, 실제로 그는 아무것도 죽이지 않았다고 주장하였다.

석가는 산자야 벨라티풋타(Sanjaya Belatthiputta)의 회의론(懷疑論)을 비판하였다. 그는 모든 형이상학적 문제에 모호한 태도를 취하여 판단을 중지하는 이른바 회의론을 주장하였다. 석가의 무기설(無記說)은 산자야의 회의론에 대한 새로운 대안이라고 할 수 있다.

석가는 당시에 크게 유행하던 니간타 나타풋타(Nigantha Nathaputta)의 자이나교를 비판하였다. 그는 자이나교를 창시한 교주 마하비라(Mahavira)이다. 마하비라는 자연 세계나 물질에 대한 형이상학적인 관심을 가지고 있었다. 그는 이 우주가 영혼(jiva, 命我)과 비영혼(ajiva, 非命我)으로 이루어졌다고 주장한다. 영혼은 우파니샤드의 아트만처럼 상주편재(常住遍在)하는 자아가 아니라, 다수의 실체적 개아(個我)로서 지수화풍이나 식물 및 동물에도 내재되어 있다. 비영혼은 담마(dhamma, 法)와 아담마(adhamma, 非法), 허공(akasa), 물질(pudgala) 등 네 가지로 이루어졌으며 여기에 영혼을 합하여 '다섯 가지 실재체'(實在體)라고 한다. 이것은 점(공간)이 모여서 이루어진 실체이며 세계를 구성하는 원리가 된다. 그는 세계를 하나의 실재체로 인식하여 세계를 주재하는 신적 존재를 인정하지 않았다. 윤회와 해탈의 문제와 관련하여 그는 업(業; Kam ma, Karma)을 미세한 물질로 보고, 이것이 외부로부터 신체 안의 영혼에 유입되어 속박하기 때문에 윤회가 이루어진다고 주장하였다. 그러므로 윤회에서 벗어나려면 미세한 업의 물질들이 영혼에 침투하는 것을 제어하고 이미 영혼에 부착된 업 물질을 지멸(止滅)해야 한다는 것이다.

이처럼 석가의 독특한 세계관은 그 이전의 모든 주의, 주장과 형이상학을 부정하는 데서 출발한다. 그는 이러한 형이상학적 문제들이 불필요하다고 일축함으로써 가능한 모든 대답을 기피한다. 이른바 모든 형이상학에 대한 판단중지를 시도한 것이다. 그는 형이상학적 실체 및 자아의 존재에 대한 물음을 침묵으로 일관하였다.

그럼에도 불구하고 석가는 그의 이론적 주장 속에서 무아설(Anatta-Lehre)을 발설하고 말았다. 그리고 우리가 자아라고 생각하는 것은 다섯 가지 존재 요소로 이루어진 거짓된 자아라고 주장함으로써 7요소설과 유물론과 자이나교 이론을 부분적으로 수용하고 있음을 시사하고 있다. 그리하여 석가는 모든 것을 부정한 것이 아니고, 그 이전의 모든 주의, 주장 가운데서 일부분만을 부정한 것이다. 그리고 바로 이 사실이 석가의 철학을 아포리아에 빠지게 한다. 이른바 불교적 변증론이 시작된 셈이다.

불교적인 실천이성의 변증론에 놓여 있는 첫 번째 모순은 일반적으로 석가의 전체적인 이론 속에 한편으로 그가 세계를 이론적으로 관찰한 결과의 내용과, 다른 한편으로는 그가 제시한 실천적 구원론의 내용이나 또는 실천적으로 지향하려고 하는 그의 이상적인 목표 설정이 대립하는 데서 발생한다. 이와 같은 실천적 이성 사용의 변증법이 문제되는 것은 바로 석가가 제기한 무아설이 이중적인 의미로 해석될 수 있다는 데 있다. 불교적 변증론에 있어서 무아설을 둘러싼 아포리아는 불교 이론으로서 항상 전제되어 있을 뿐만 아니라, 또한 같은 법칙(眞法) 아래서 동시에 구속력을 가지고 있는 이른바 (무아설을 포괄하는 넓은 의미에 있어서의) 불교적 다르마 이론과 (윤회설을 포함하는) 불교적 카르마 이론 사이에서 제기되는 모순들로부터 기술될 수 있다.

불교의 실천철학적 변증론에서 제기되는 두 번째 모순은 불교적 사유에 있어서 자유의 문제와 관련되어 있으며, 이것은 무아설을 포함한 다르마 이론과 불교 구원론에서의 카르마 이론을 동시에 타당하다고 주장하는 사실로부터 빚어진다. 이 모순은 내용적으로 고대 인도 및 불교적 세계관에서 자연법칙과 도덕법칙을 매개하고 있는 카르마 이론이 성립하기 위해서는 하나의 참된, 그리고 절대적인 '진지(眞知)로부터 오는 자유'(Freiheit aus Wissenheit)가 필연적으로 요구된다는 사실에서 출발한다.

불교의 실천철학적 변증론에서 구체적으로 제기되는 세 번째 모순은 불교적 사유에 있어서 이 세계를 고통(Leidenschaft)이라고 규정하는 이론적 해석과, 윤회적 인과의 세계 속에서 참된 실천적 자유를 통하여 도달하기를 희망하는 실천적 구원론적 이상 목표인 열반 경험(Nirvana-Erfahrung) 사이에서 발생한다. 내용적으로 이 모순은 참된, 그리고 절대적인 진지로부터 오는 자유를 바탕으로 한 개인이 불교적 신성성 또는 니르바나에 도달했다 할지라도, 그에게 불교적 최고선이라고 할 수 있는 니르바나 개념에 부합되는 그런 절대적 행복이 주어지지 않는다는 사실에서 출발하고 있다.

이미 해탈하여 니르바나 체험, 또는 칸트식으로 표현하여 신성성의 경지에 도달한 부처님들이 아직 진법을 깨닫지 못한 사람들에 대해서 필연적으로 자비심이나 연민(Mitleid)을 가질 수밖에 없다면, 그것은 절대적 해탈에서 기대될 수 있는 완전한 행복이나 완전한 상태에 도달하지 못하고 있다는 사실과 정황을 반증한 것이다. 아직 깨달음을 얻지 못한 중생과 함께 고통을 나누는 것은 보살(Bodhisattva)의 존재의미기도 하지만, 그것은 최고의 가치가 아직 실현되지 않았다는 사실을 보여준다. 그와 반대로 니르바나적 세계질서에서는 세상의 어떤 고통과도 무관하다고 주장할 경우에도 중생의 고통을 외면해야 하는 깨달은 자의 처지는 여전히 마땅하지 못한 것이다.

불교의 실천철학적 변증론의 가능한 유형들과 또한 그로부터 필연적으로 제기되는 모순들을 극복할 수 있는 이론 명제들에 대한 논의를 통하여 이제 우리는 석가의 초기 사상이나 불교철학에 내재된 아포리아들이 칸트의 요청적 사유 방식에 의하여 재구성되고 재해석될 수 있다는 가능성을 발견하게 된다.

칸트의 요청적 사유방법론은 그가 처한 유럽적 상황에서 고유한 빛깔을 발하는 문화적, 사상적 전제들로부터 전개된 것이며, 또한 그 자신이 필연적으로 직면할 수밖에 없었던 한계나 모순들을 해소하기 위하여 구상되었다.

우리는 이와 같은 칸트의 요청적 사유방법론이 석가의 사상을 새롭게 해석하는데 대단히 유용하고 적절하다는 사실을 확인할 수 있다. 그리하여 석가가 직면하였으나 대답을 기피한 문제들과, 그 이후의 모든 불교 이론가들이 해결하려고 노력했던 불교적 아포리아들은 바로 석가의 독특한 세계관적 전제들로부터 비롯된 것이지만, 그것들에 대한 실천철학적 변증론은 석가 자신에 의해서 서술되지 않았던 것이다.

우리는 칸트의 요청적 사유를 단초로 하여 석가 자신에 의하여 아직 기술되지 않은 불교의 실천철학적 변증론의 가능한 유형들을 재구성하면서 그로부터 제기되는 모순들을 극복할 수 있는 요청내용을 상정해 보았다. 그러므로 칸트의 요청적 사유방법론은 석가의 실천적 변증론에서 제기되는 모순들을 해소할 수 있는 가장 효과적인 해석 방법이며, 이를 통하여 그의 이론적 전제들과 실천적 요구들을 동시에 주장하고 견지할 수 있다.

또한 칸트 요청이론의 불교적 적용은 요청적 사유방법론의 간문화적 확장을 가능하게 한다. 칸트의 실천철학에서 요구되는 요청내용은 자유, 영혼불멸성, 신의 존재이지만, 불교의 실천철학에서 요구되는 요청내용은 진아, 자유, 니르바나적 세계의 무한확장이었다. 석가의 주장이나 불교사상 속에서 기술될 수 있는 불교적 변증론은 그들의 특수한 세계관적 전제들, 즉 불교의 요청적 선-구조에 의하여 규정된다. 그리고 불교적인 실천적 이성 사용에서 빚어지는 구체적 모순들은 불교적 선-구조로부터 일관성 있게 요구되어지는 특정한 요청내용들에 의해서만 해소될 수 있다. 그러므로 불교적 실천이성의 변증론을 규정하는 불교적 요청의 선-구조는 칸트의 그것과는 전혀 다르며, 불교적 변증론에서 필연적으로 제기되는 구체적 모순들을 해소할 수 있는 요청내용들 역시 칸트가 상정한 것과는 근본적으로 다르다. 불교의 요청적 선-구조는 불교의 실천철학적 변증론을 구성하며, 그로부터 필연적으로 제기되는 모순들은 불교의 요청적 선-구조 안에서 요구되는 특수한 이론명제들에 의하여 해소될 수 있는 것이다.

### 8. 돈점논쟁의 칸트주의적 의미

한국불교의 돈점논쟁 역시 칸트주의적으로 조망할 수 있다. 성철 스님의 돈오돈수론과 그의 비판적 대상이 되었던 보조 지눌의 돈오점수론 역시 무아설과 윤회설에서의 관계에서처럼 수행 주체의 존재를 전제하고 있다.

특히 불교의 선수행에서 돈오점수설은 칸트의 최고선 수행에서의 신성성을 향한 무한진행 요청과 유사한 의미구조를 가지고 있다. 칸트의 최고선과 선불교의 돈오점수설에 대한 구조분석을 통하여 올바른 수행은 신성성 또는 불행(佛行)을 향하는 부단한 선택과 결단의 측면, 즉 확실한 방향설정을 필연적으로 요구하고 있다. 칸트에서 '심성의 혁명'과 돈오점수설에서 '돈오'가 바로 그것이다. 우선 칸트의 경우에 최고선의 실현을 위한 도덕적 행위주체의 수행은 크게 두 가지 단계, 즉 '심성의 혁명'과 '무한진행의 요청'으로 가능한 것으로 생각할 수 있다.

심성의 혁명과 무한진행의 요청은 최고선의 실현을 위하여 필요한 조건이지만 충분한 조건은 아니다. 신성성을 향한 무한접근을 시도할지라도 인간은 그의 원죄로 인하여 여전히 죄악의 상태에 머물러 있으며, 이처럼 죄인의 현상적인 모습과 도달되어야 할 신성성의 경지 사이에는 무한한 간격이 도사리고 있다. 따라서 도덕적인 인간이 되기 위하여 무한접근을 시도하는 인간에게 그의 모든 죄를 용서해 줄 수 있는 하느님의 존재와 그 은총판단이 새롭게 요구되지 않으면 안 된다. 칸트의 경우에 최고선의 실현은 심성의 혁명을 일으킨 이후에 설정되는 인간의 무한접근과 하느님 나라의 무한확장이라는 도덕주의적 요소(자율성의 원리)가 하느님의 존재와 은총판단이라는 종교적 요소(보충성의 원리)에 의하여 보완됨으로써 비로소 가능하다.

최고선 수행에 발견되는 문제들은 돈오점수설의 구조분석에서도 그대로 발견된다. 선불교의 수행이론에서도 심성의 혁명과 같은 마음의 결단을 전제로 하고 있다. 돈오점수설에서의 돈오가 바로 그것이다. 돈오점수설에서의 돈오는 일반적으로 해오(解悟)로 해석되고 있지만 학자들에 따라서는 증오(證悟) 또는 돈오돈수의 의미를 함축하고 있는 것으로도 해석되고 있다. 특히 종밀과 지눌은 돈오 이전의 수행은 아무런 의미가 없다고 함으로써, 돈오를 전제로 한 점수를 강조하였다. 선 수행의 주체가 자성을 찾는 방식 중에서 칸트에서처럼 심성의 혁명 이후에 신성성을 향한 무한 접근을 시도하는 것과 유사한 돈오점수설과, 그 반대로 순간적인 깨달음과 함께 수행도 완성된다는 돈오돈수설은 역사적으로 특별한 대립 없이 병존하여 왔던 것이 사실이다. 돈오점수설을 신봉하는 사람들은 돈오돈수설을 포용하는 입장을 견지해왔으며, 신수의 돈점설을 비판하였던 혜능까지도 돈오점수설 자체를 부정하지는 않았다.

돈오점수설에서의 돈오는 해석하기에 따라서 이해적 성찰 또는 지해로 간주되기도 하고, 견성성불과 동일한 의미를 가진 증오로 이해되기도 한다. 돈오를 이해적 성찰의 수준으로 단정할 경우에는 점수를 필요로 할 수밖에 없고, 따라서 그것은 결국 참된 깨달음이라고 할 수 없기 때문에, 새로운 단계의 깨달음이 요구되며, 이러한 깨달음이야말로 참된 의미에서의 견성성불이고 구경각의 경지에 이르는 것이라고 본다. 그러나 이렇게 해석하는 사람들은 결국 돈오점수는 돈오돈수보다 낮은 단계이거나 잘못된 깨달음으로 사람을 현혹시키는, 그리하여 이른바 단죄하고 극복해야 할 대상으로 설정한다(성철). 그러나 돈오를 견성성불과 동일한 수준으로 이해하는 경우에 돈오는 바로 증오이며, 따라서 돈오돈수론자들이 강조하는 내용들을 모두 포함하게 된다. 이 경우에 점수는 오염수(汚染修)의 반복적 연장이 아니고, 이타애적 불행(佛行)으로서, 돈오돈수적 적정 속에서 홀로 만족하는 부처님의 단계를 넘어서서 무한한 중생세계를 구제하기 위한 보살행을 나타내고 있는 것이다(법정).

돈오점수설에 대한 이 두 가지 해석은 칸트의 최고선 수행과 각각 특정한 측면에서 유사성을 가진다. 먼저 성철이 이해한 돈오점수설은 심성의 혁명에 대해서는 그 설명이 적절하지 않지만, 무한진행이나 무한접근에 대해서는 유사한 구조를 가지고 있다. 칸트가 말하는 심성의 혁명은 기독교에서의 중생(거듭남) 체험과 유사한 것으로서 악에서 선으로의 결정적인 방향전환을 뜻하고 있다. 그래서 기독교에서는 사실상 거듭남으로 이미 구원에 도달했다고 믿고 있다. 그러나 칸트의 경우에 그것은 아직 시작에 지나지 않으며, 신성성과 일치하기 위한 무한진행을 수행해야 하고, 그와 같은 무한접근 노력에도 불구하고 여전히 죄인의 상태에 머물러 있는 것으로 상정되고 있다. 이와 같은 측면은 성철이 돈오점수설을 비난했던 바로 그 부분들에 정확하게 해당되는 것이다. 칸트에서는 이와 같은 불완전성과 불순성은 전지전능하신 하느님의 존재와 그의 은총판단이라는 새로운 요청명제에 의하여 비로소 제거될 수 있다. 성철의 경우에도 돈오점수설은 지해의 단계에 머물러 있으며, 완전한 구경각의 단계에 들어서지 못한 것으로 평가되고 있다.

그러나 돈오점수설에서의 돈오와 점수를 각각 견성성불과 이타행으로 파악할 경우에 칸트의 최고선 수행과의 유사성은 전혀 다른 측면에서 찾아야 할 것이다. 이 경우의 돈오는 이미 신성성에 도달한 경지를 나타내며, 따라서 심성의 혁명과 무한진행, 그리고 하느님의 은총판단까지도 완성된 차원이라고 해석할 수 있다. 기독교에서 거듭남을 통하여 이미 구원을 얻었다고 한 것과 같다. 그러나 칸트의 경우에는 심성의 혁명 이후의 무한진행을 통과하더라도 돈오의 상태에는 여전히 미치지 못한다. 다만 칸트가 말한 심성의 혁명은 그릇된 가르침이나 잘못된 방편이 아니고 최고선 수행에서 무한진행을 위하여 반드시 필요한 조건으로서 요구된다는 점에서는 일치한다. 반면에 돈오 이후의 점수가 이타행으로서 니르바나적 세계질서의 무한확장과 관련된 사실은 칸트에서 도덕적 행위주체가 집단적 차원에서 하느님의 나라를 지상에 세우고 그것을 근간으로 하느님의 나라를 도래하게 하려는 것과 유사성을 가지고 있다. 칸트의 최고선 수행에 있어서 공동체주의적 실천주체의 설정은 결국 현상적인 세계질서를 도덕적 세계질서로 전환시키려는 노력으로 가시화되고 있다. 돈오점수설에서 점수를 단순히 유념수(有念修)나 오염수(汚染修)와 같은 것으로 보지 않고 무념수(無念修) 또는 이타적 불행으로 해석하는 경우에 그것은 칸트에서의 도덕적 세계질서의 무한확장이나 지상에서의 하느님 나라의 무한확장 또는 하느님 나라와의 일치요구와 같은 의미구조를 가지고 있는 것이다. 그러므로 불교 선 수행에서의 돈오점수설은 칸트의 도덕철학, 특히 최고선 수행에서 제시되는 형식적인 절차뿐만 아니라 거기에서 요구되고 있는 내용적인 의미구조에서도 놀라울 정도의 유사성을 보여준다.

(2006.05.15 『문학선』 2006년 여름호 독자를 위해 졸저 『칸트와 불교』를 요약 정리하여 발표하였다.)

# 세계의 중심에 선 한국

반기문(潘基文) 외교통상부 장관이 차기 유엔 사무총장으로 사실상 확정되었다는 소식은 2006년 추석을 맞이하는 우리 국민들에게 큰 기쁨을 안겨주었다. 유엔 안보리는 10월 9일 본 투표를 실시하고 총회에 회부할 예정이다.

반기문 장관이 유엔 사무총장으로 추대되는 것은 이제 시간문제인 것 같다. 유엔 사무총장직은 국제사회의 평화와 안전을 위하여 일하는 모든 사람들의 수장으로서 국가수반에 준하는 예우를 받기 때문에, 반장관 개인에게 뿐만 아니라 우리 한국 국민 모두에게 영광스러운 일이 아닐 수 없다.

우리나라는 현재 지정학적으로 매우 불안정한 상태에 있다. 일본, 중국, 러시아와 국경을 접하고 있고, 미국을 포함한 국제사회의 이해관계 속에서 한시도 안심할 수 없는 처지에 있다. 분단국가인 우리나라는 최근 북한의 미사일 발사 및 핵 개발 사태로 인하여 세계의 이목이 집중되어 있었다.

중국, 일본과의 역사전쟁과 영토분쟁을 치루는 상황에서, 그리고 전시 작전권 단독 사용 주장으로 인하여 한반도의 군사적 위험이 갈수록 고조되고 있는 상황에서 반기문 장관의 유엔 사무총장직 선출 소식은 우리 국민들의 사기를 크게 고 무시키는 일이 아닐 수 없다.

그것도 거부권을 가진 상임이사국 모두가 우리 대표를 지지했다는 사실은 분명 우리 외교의 승리라고 평가해야 할 것이다. 반기문 장관의 유엔 사무총장 선출 사실이 확정될 경우 노무현 정부의 외교 수행 능력에 대한 평가 자체가 크게 달라질 가능성이 있다.

한 국가에서 유엔 사무총장을 배출하기란 결코 쉬운 일이 아니며, 그것도 거부권을 가진 미국, 일본, 러시아, 중국에 둘러싸인 우리나라의 상황에서는 더욱 그렇다.

반기문 케이스는 임기 1년 반을 남겨놓고 10%의 지지도에 쩔쩔매고 있는 노무현 정부에게 큰 힘을 안겨줄 것이 분명하다. 그렇다고 해서 노무현 정부가 자만할 일은 아니다. 유엔 사무총장의 조국이 국제분쟁과 소요에 휘말리지 않도록 그만큼 더 외교력을 배가시켜야 할 것이다.

북한과 함께 유엔에 동시 가입한 것이 불과 15년 전이다. 남북한 동시 가입은 우리나라 헌법상의 영토조항이나 국가보안법 등의 이적행위 등에 대한 법해석상의 문제를 야기하였지만, 그와 같은 정체성의 혼란은 우리 국민들에게 실질적으로 주어지는 평화와 안전에 비추어 볼 때 충분히 감당할 수 있는 것이었다.

이번 반장관의 유엔 사무총장직 선출은 우리 국민들에게 새로운 자긍심을 불러일으키면서도 세계평화에 대한 책임의식을 요구하고 있다. 이번 사무총장은 대륙 순환의 관행에 따라서 아시아 국가들 중에서 선출하도록 내정되었으나, 우리보다 강대한 중국과 일본은 처음부터 배제될 수밖에 없는 상황이었다. 국제사회가 더 이상 패권국가의 세력 확대를 지지하고 있지 않기 때문이다.

대종교(大倧敎)를 비롯한 우리 고유의 종교인들은 현 시대야말로 한국이 세계의 중심국가가 될 것이라고 믿어 왔다. 동북아시아 일대를 장악하였던 우리의 선조들이 이룩한 문물이 서진하여 세계를 일주하고 다시 우리에게 돌아오고 있다는 것이다. 우리나라는 역사를 왜곡하고 영토를 확장하는 방식이 아니라, 보편적인 인류애를 지향하는 사상과 문화의 진흥에 노력함으로써 세계평화에 기여해야 할 것이다.

우리 조상이 하늘의 문을 열고서(開天) 하느님의 나라, 즉 신시(神市)를 만들었던 그 정신은 홍익인간(弘益人間)과 요익중생(饒益衆生)의 이념이다. 널리 인간에게 이롭게 하는 것과 뭇삶들을 풍요롭고 이익되게 하는 것이다. 그것이야말로 한국인의 유엔 사무총장직 진출을 통하여 세계시민들에게 기여할 수 있는 최고선일 것이다. (2006.10.03)

# 동북아시아는 역사 전쟁 중이다

시도 때도 없이 일본은 독도 영유권을 주장하고 있다. 독도가 일본의 영토가 아니라는 사실은 일본 정치인들 역시 꿰뚫고 있는 사실이다. 1877년에 일본 태정관(총리실)은 독도가 일본 영해가 아니라고 공식적으로 밝힌 바 있으나, 독도에 대한 일본의 병적 집착은 지금도 계속되고 있다.

중국은 정부산하의 연구기관을 통하여 우리나라의 고대사를 중국사로 편입시키는 중이다. 고구려사와 발해사가 중국에 편입될 경우에 단군조선의 역사도 사라지게 된다.

일본이 독도영유권을 포기하지 않는 것이나 중국이 고구려사를 흡수하려는 것은 모두 영토 야욕과 맞물려 있다. 독도분쟁은 한・일 해상영유권의 판도에 변화를 초래할 수 있으며, 중국의 고구려사 편입은 통일 한국의 간도영유권 주장을 차단하기 위한 것이다.

그럼에도 불구하고 우리나라는 현재 진행 중인 역사 전쟁에서 자유로운 입장이 아니며, 중일 양국에 대하여 수세적인 입장일 수밖에 없다. 특히 중국은 북한의 종주국 역할을 자처하고 있으며 남북관계에 결정적인 권한을 가지고 있다.

중국과 일본에서는 이미 자국 중심의 역사를 교과서에 싣고 가르치고 있는데 우리는 어떤 방침도 세우지 못한 채 우왕좌왕하고 있다. 우리나라 정부당국자들과 역사학자들에게 책임을 물을 수 있는 주체도 마땅하지 않다. 우리 국민들 중에서 친일주의자, 친북주의자, 친미주의자들을 제외하고 나면 한줌도 되지 않기 때문이다.

어떻게 해야 하는 것일까? 우리의 역사를 모두 포기해야 하는 것일까? 결단코 그럴 수는 없다. 그래서 우리가 할 수 있는 방법은 TV 드라마로 연출하는 것 정도이다. 우리나라의 TV 3사가 경쟁적으로 주몽, 연개소문, 대조영을 극화한 것은 바로 중국과 일본의 역사 도발에 대한 문화적 대응이라고 볼 수 있다.

이 세 개의 드라마에서 아쉬운 것은 요동에서 서아시아로 뻗어나가는 대평원과 중원대륙의 서남쪽까지를 호령했던 단군조선 제국의 판도가 펼쳐지지 않는다는 점이다.

우리는 일제강점기를 맞으면서 우리의 자주적인 역사찾기 운동에 나섰던 최남선, 신채호, 안호상, 그리고 무엇보다도 대종교의 주장에 귀를 기울일 필요가 있다.

그들의 주장에 의하면 우리민족은 배달족, 동이족, 한(韓)민족으로서, 현재의 요동과 간도지역은 물론이고 북쪽으로는 시베리아의 바이칼호, 그리고 현재 중국의 북경지역과 서쪽 해안지역을 아우르는 거대한 동북아시아대륙 전체를 관장하고 있었다. 그 중심은 요동과 한반도였지만 남쪽으로는 일본에까지 그 세력이 미쳤다고 한다.

중국유학의 시조인 공자도 동이족의 후손이었으며, 중국의 진나라와 한나라가 일어서기 전까지는 배달족이 실권을 장악하고 있었다는 것이다.

우리가 잃어버렸던 이 고대사는 일본의 실증주의 역사학자들에 의하여 부질없는 신화로 간주됨으로써 우리 역사서에서 자취를 감추게 되었다.

그러나 대종교를 신봉하는 사람들은 우리의 역사를 단군조선과 삼국시대, 고려, 조선으로 국한하지 않고 부여, 옥저, 말갈, 거란, 발해는 물론이고 요(거란), 금(여진), 원(몽고), 청(만주)과 일본까지 배달겨레에 속한다고 믿고 있다.

현재 중국과 일본의 역사도 알고 보면 배달겨레의 역사라는 것이다. 중국은 한(漢)민족보다는 이민족에 의하여 지배당한 때가 더 많았다. 대종교 역사학자들은 이들 이민족들이 배달겨레였다고 믿고 있다. 이들은 모두 역사적으로 중국대륙을 지배한 바 있다. 그러나 이들에 앞서서 우리의 위대한 선조들이 세웠던 단군조선은 중국은 물론이고 시베리아와 서아시아까지 모두 지배하였다.

우리가 과거의 잃어버린 영토를 되찾자는 것은 아니다. 그것은 현실적으로 불가능한 일이다. 현대사회에서는 국경보다 문화가 더 압도적이다. 우리의 정신문화를 복원하는 것이야말로 동북아시아 역사 전쟁에서 승리할 수 있는 첩경일 것이다. 정신문화와 정치경제의 비약적 발전을 통하여 우리의 제국을 회복할 수 있을 것이다. (2006.09.18)

# 처용문화제의 축제적 한계

서영수 사무국장(부산문화관광축제조직위원회)은 발제문에서 축제의 의미와 기능, 현행 축제의 한계와 문제점, 그리고 문화산업으로서의 지역축제의 요건 등에 대하여 상론하고 있으며, 부산시의 경우를 예로 들어 설명하고 있다. 따라서 이 글에서는 발제자의 지적과 제안들이 울산시의 축제문화 및 정책에 적용될 수 있는가를 검토하는 동시에, 울산시의 대표축제인 처용문화제의 역할과 한계를 비판적으로 조망함으로써 현대적인 관점에서의 문화정책 및 문화비전에 부응하고 있는 가를 중점적으로 점검하고자 한다.

## 1. 축제에 대하여

디오니소스(바쿠스)축제 이후로 축제(Fete, Festival)는 일상으로부터의 일탈과 해방을 지향해 왔던 것이 사실이다. 인류가 향유하고 있는 가장 대표적인 인식 기제들, 즉 신화(Mythos), 격정(Pathos), 이성(Logos) 중에서 고대사회의 축제들은 파토스를 추구하였다. 따라서 일반적인 의미에서 축제는 놀이, 즐거움, 쾌락, 향연, 흥분, 광란, 도취, 절정 상태를 수반함으로써 개방과 소통, 해방과 자유를 구가하려는 경향성을 가지고 있다. 이와 같은 인류의 근원적인 행위 본성을 네덜란드 출신의 호이징하(Johan Huizinga)는 놀이 현상에서 찾고 있다(*homo ludens* 1938). 이러한 놀이문화의 토양 속에서 신화와 제의, 법, 경제, 공예, 예술, 문학, 과학, 지혜 등이 배양되었다.

우리나라에서 축제문화의 기원 역시 고대국가의 제의에서 찾을 수 있다. 부여의 제천의식이었던 영고(迎鼓)와 고구려의 제천 및 추수감사제로서의 동명(東明) 또는 동맹(東盟), 그리고 예의 무천(舞天) 등이 이에 속한다. 현대 한국사회에서 축제는 군부독재정권의 영향 속에서 획일적이고 경직된 방향에서 "관제 이데올로기의 선전장"(서영수)으로 전락하였으나, 1970년대에 산업형 축제가 생겨나기 시작하였고, 1980년 이후 민주주의의 진전으로 자생적인 축제문화가 형성되기 시작하였다. 88올림픽 이후 문화산업에 대한 인식이 달라지게 되었으며, 90년대 중반 지방자치제도의 도입으로 민선자치단체장들이 축제의 사회정치적 효용성(주민화합 및 지역홍보)에 기대어 지역축제를 활성화함으로써 1천여 개의 축제가 진행되고 있다. 이와 함께 문화학, 문화컨텐츠학, 문화정책 및 예술경영 등에 대한 관심도 점차 고조되고 있다.

## 2. 지역축제의 현황과 문제점

발제자는 부산시가 '국제영화제' 등 성공적 사례가 있음에도 불구하고 60여개에 달하는 지역축제들이 여러 가지 문제들을 야기하고 있다고 지적한다.

첫째로 "지역축제의 정체성 부재와 특성화 실패"를 들고 있다. 지역축제들, 그리고 특히 그 지역의 대표축제가 지역사회의 문화적, 역사적 정체성을 반영하고 있어야만 주민들의 일체감에 호소하여 감성적 지지를 얻어낼 수 있다. 대표축제가 지향하는 가치는 보편적이고 일반적인 것이어야 한다.

둘째로 "관과 관변단체들이 주도하는 주민화합행사"에 그치는 경우가 많다는 것이다. 이러한 경향성은 민선 자치단체장들이 토착적인 유대관계가 강한 친위그룹들로 하여금 축제업무를 전담시킴으로써 생겨나는 현상이다. 따라서 지역축제는 폐쇄적으로 운영되어 주민 참여가 제한되고 있어서, 언제나 소비적이고 소모적인 "그들만의 잔치"로 그칠 수밖에 없는 태생적 한계를 안고 있다. 특히 폐쇄적인 의사소통 구조는 모든 민주적 의사결정 자체를 무력하게 만들고 있다.

셋째로 "규모의 영세성, 홍보 및 마케팅 전략의 부재, 디지털 마인드와 문화콘텐츠 부재, 평가시스템의 부실 및 부재" 등을 들 수 있다. 제각각 운영되는 축제들은 일반적으로 열악한 예산 및 재정 문제, 단기적인 성과에 집착하는 이벤트 행사, 단기적인 영업이익을 노리는 이벤트 업체들과 그 배후에 있는 관변 토착유지들의 야합 등으로 인하여 실패할 수밖에 없다.

지역축제를 실패로 이끄는 이런 요인들에 대한 지적은 매우 구체적이고 현실적인 것으로 판단되며, 필자는 우리 울산 지역의 축제들 역시 당면하고 있는 문제점일 것이라고 생각한다. 울산의 대표축제인 처용문화제의 경우 역시 지금까지 이와 비슷한 문제점들이 제기되어 왔으며, 이번 토론회 역시 그런 연장선상에서 준비되었을 것이다. 처용제는 7억원의 예산을 운용하고 있으며 울산시 조례규정에 의하여 예산지원의 계속성을 확보하고 있음에도 불구하고, 처용이라는 모티브가 울산시민들의 정체성에 부합될 수 있는지에 대한 논란이 계속되고 있으며, 처용문화제 유관 인사들의 전문성 시비, 시민들의 참여 결여, 비생산적 소비형 프로그램의 잡화점식 나열 등의 문제점들을 노정하고 있다. 이 중에서도 필자는 처용제의 정체성 시비가 울산시의 대표축제로서의 성패를 가름하는 가장 결정적이고도 본질적인 요인이라고 보고 있기 때문에 이 점에 주목하고자 한다.

처용문화제의 정체성 시비에도 불구하고 그 이름에 애착을 갖고 있는 인사들이 적지 않은 것 같다. 이들이 강조하는 것은 처용가의 문학적 위상과 그 속에 나타난 관용정신, 그리고 그 동안 울산의 도시이미지로 굳혀 온 브랜드적 가치 등이다. 실제로 이들은 주로 어문학적, 민속학적, 역사학적, 종교학적 관점에서 이루어진 처용설화 및 처용가에 대한 기존의 연구성과를 전제하고 있어서 설득력을 가지고 있는 것처럼 보일 수 있다.[1] 그러나 이러한 연구결과들은 처용설화 전모를 조망한 것이 아니며, 심지어 가장 중요하고 본질적인 부분들에 대한 해석을 간과하고 있다. 그것은 바로 처용제의 정체성 논란의 핵심이 되고 있는 부분, 즉 처용의 부인과 역

---

1) 고 주영돈 선생의 지원으로 7권으로 간행된 『처용연구전집』(처용간행위원회 편, 도서출판 역락, 서울 2005)에서는 어학적, 문학적, 민속학적 연구성과들과 종합적 연구토론이 소개되고 있다.

신의 간통 현장에 대한 적나라한 묘사에 대한 해석상의 문제이다. 일부 학자들이 이를 무속신앙에서의 접신 현상으로 해석하고 있지만 전후 문맥을 살펴볼 경우에 그런 설명은 자가당착적일 수밖에 없다. 처용 사건에서 성담론적 접근방식을 기피하고 있는 이유는 무엇인가? 이 부분에 대한 명쾌한 해석이 드러나지 않는 이상 처용 지지자들이 주장하는 관용정신 등의 이데올로기는 왜곡된 것일 수도 있다.

### 3. 처용설화와 울산시민의 정체성 위기

'처용문화제'라는 명칭을 반대하는 사람들은 현재 울산지역의 물상화된 문화의식이 처용설화와 닮은꼴이며, 자녀들에게 처용이라는 사람에 대한 인물과 인간적 가치를 설명하기가 쉽지 않다는 점을 들고 있다. 자기 부인과 불륜을 저지른 대상에 대하여 관용을 베푼 훌륭한 사람이기 때문에 울산시의 대표축제 브랜드로 선정했다고 이야기할 수는 없기 때문이다. 울산시는 1970년대 이후 급격한 공업화를 통하여 경제성장을 이루어냄으로써 물질적인 풍요를 누리고 있는 반면에, 자연과 정신의 피폐화는 물론이고, 성적으로 문란하고 이혼율이 가장 높은 도시로서 지목되기도 한다. 처용문화제는 울산시민들에게 불유쾌한 잠재의식으로 남아있던 처용의 모티브에 정당성을 부여함으로써 생생한 의식의 현장으로 이끌어내는 역할을 하고 있는 것이다.

처용설화는 그 자체로 문학적, 예술적 가치를 가지고 있다. 그러나 처용설화를 울산시민들 모두가 추구해야 할 가치로 승화시키는 것은 문제가 있다고 본다. 처용문화제는 "역동의 산업수도 푸른 울산"을 지향하는 울산시민들의 궁극적 가치를 반영하고 구현할 수 있는 축제가 아니다. 지금까지도 정체가 규명되지 않고 있는 처용의 인물, 그리고 처용가 속에 나타난 불륜 사실에 대한 부정적 이미지가 울산시민이 추구해야 할 가치지향이 될 수 없다고 생각한다. 처용제는 우리 울산시민들을 우울하게 만들 뿐이다.

일연 스님이 『삼국유사』에 기술한 바에 의하면 처용설화에는 두 가지 유형의 갈등이 내재되어 있다.[2] 그 하나는 왕과 용왕 사이의 갈등이다. 처용은 왕의 행보를 구름과 안개로 방해하였던 용왕의 아들이다. 왕은 처용을 등용하고 미인을 아내로 삼게 함으로써 용왕과의 화해를 시도하였다. 이는 왕(서라벌)과 호족세력(울산) 간의 정치적 갈등으로도 해석될 수 있다. 여기에서 음해세력은 드러나지 않고 상징적으로 처리되었다. 다른 하나는 역신과 처용의 갈등이다. 여기에서도 음해세력인 역신의 정체는 직접 드러나지 않고 상징적으로 처리되고 있다. 그는 처용 아내의 미모에 반하여 여러 번 관계를 가졌으며, 그러던 중 처용의 눈에 띄게 되었다. 역신은 처용의 관대함에 감복하여 앞으로 그를 범하지 않겠다고 약속하는 것으로 처리된다. 이 텍스트의 독해 문제는 울산시민의 정체성 문제와 직결될 수 있다.

처용가의 핵심주제는 섹스와 불륜의 문제이고, 그 행위 사실에 대한 처용의 태도표명의 문제이기 때문에 성담론적 접

---

2) 일연, 『삼국유사』, 紀異 第二 處容郎 望海寺, 이민수 역, 을유문화사 1998, 175쪽 이하.

근방식을 통해서 해석하는 것이 마땅할 것이다.[3)]

## 4. 신라왕실의 섹스 스캔들로서의 처용설화

처용은 왜 아내의 불륜을 문제삼지 않았을까? 처용설화에서 가장 이해하기 어려운 부분은 처용이 자기 아내의 불륜현장을 지켜보면서도 아무런 조처를 취하지 않았던 바로 이 사실이다.[4)] 처용이 아무런 대책 없이 그냥 지켜볼 수밖에 없었던 것은 도대체 무슨 이유 때문이었을까? 처용이 불렀던 노래는 자포자기의 심정에서 부른 것인가, 아니면 시대적 관행에 대한 비판을 함축하고 있는 것인가? 물론 다양한 가능성을 생각해 볼 수 있을 것이다. 우선 처용을 용이나 용왕의 아들, 치우천황의 화신 등 막강한 권능을 가진 자로 해석할 수 있다. 이 경우에 처용은 왕과 대등하거나 그 이상의 권능을 가져야 하기 때문에 설화의 내용과 부합되지 않는다.

둘째로, 처용을 무당으로 해석할 경우에 그 부인에게 붙은 악귀를 축출하는 것으로 생각할 수 있다. 그것은 통속적인 무속이야기가 된다. 그래서 어떤 학자는 이 사건을 무속적

3) 성적 욕망과 성애적 행위를 비롯한 성담론과 권력기관의 통제 및 제어전략에 대한 미셸 푸코의 철학적 논의방식은 처용설화의 성담론적 이해에도 하나의 좋은 척도가 될 수 있을 것이다. 미셸 푸코, 『성의 역사』, 이규현 외 역, 나남출판 1990.

4) '역신'(疫神)에 대한 논의는 『처용연구전집』 제4권, 90쪽 이하를 참조할 수 있는 데, 여기에서는 질병, 부정적인 사회현상, 신(神) 등으로 해석되고 있다. 다만 김승찬(金承璨)은 역신을 '强者(권력상층)'로 해석하고 있다. 김승찬, 「처용가」, 『향가문학론』, 새문사 1989, 407-408쪽.

접신 또는 내림굿 현상으로 해석하기도 하지만, 무속에서의 몸주신은 악귀가 아니며 이는 역신이 축출된 사실과도 부합되지 않는다.

셋째로, 처용을 화랑, 호족의 아들, 아랍인 등으로 해석할 경우에 처용이 아내의 불륜 현장에서 강력하게 대처하지 않았던 사실이 납득되지 않지만, 다만 이 경우에는 처용의 연적 또는 정적으로 상정되는 역신이 누구인가에 따라서 풀릴 수 있는 가능성이 보인다.

왜 처용이 아내의 불륜에 대해서 강력하게 제지하지 못했는가라는 물음은 세 번째의 경우에 가장 근접할 수 있다. 지금까지의 어떤 논문에서도 이러한 문제를 심도 있게 다루지 않았다는 것은 매우 이상한 일이다. 직접적인 성담론적 분석만이 이 문제에 대한 답을 찾을 수 있을 것이다.[5)]

---

5) 처용의 행위를 이해할 수 있는 몇 가지 경우를 생각해 볼 수 있다. 첫째로 혈족단체 안에서의 난혼(Promiskuität), 족내혼(Endogamie), 또는 플라톤이 제시한 성 공동체의 경우이다. 플라톤은 지배계층의 경우에 결혼과 사유재산을 금지하였으며, 국가가 미모와 지혜가 탁월한 여성들을 선발하여 공동으로 관리해야 한다고 주장하였다. 고대 그리스의 역사가 헤로도토스는 실제로 여성 공유사회가 실제로 있었다고 기술하고 있다. 스위스 출신의 바흐오펜이나 미국 출신의 모건은 고대 가족에 대한 연구에서 최초의 형태는 난혼이었고, 그것이 다시 모계와 부계사회로 이행하였다고 주장한다(아우구스트 베벨, 『여성론』, 이순예 역, 까치 1987, 23쪽). 처용의 시대에 난혼이나 족내혼이 일반적인 성풍속이었다면 처용 역시 자신의 아내가 저지른 불륜에 대하여 이의를 제기할 수 없었을 것이다. 고대 신라사회에서 부분적으로나마 왕족을 중심으로 난혼이 이루어졌다는 사실이 보고되고 있으므로, 처용의 경우에도 이러한 가능성을 완전하게 배제할 수는 없다.

두 번째로 모권(Muterrecht) 사회나 모계사회일 경우를 생각할 수 있

『화랑세기』는 『삼국사기』와 『삼국유사』와는 달리 상상을 초월하는 일탈된 성풍속을 기술하고 있어서 역사학자들에 의하여 위서로 간주되어 왔다. 그러나 이 책이야말로 신라사회를 이해할 수 있게 하는 중요한 전거라고 믿는 학자들도 생겨나기 시작하였다.

김대문의 서술에 의하면 고대 신라의 왕과 풍월주(화랑지도자)의 가계를 유지하는 수단으로 마복자(摩腹子)와 색공(色供)제도가 활용되었다고 한다. 특히 마복자는 신라를 칭하는

---

다. 성서에서도 모계사회의 흔적이 부분적으로 나타나고 있다. '남자는 어버이를 떠나 아내와 어울려'(「창세기」 2:24, 「마태복음」 19:5, 「마가복음」 10:7, 「에베소서」 5:31)라는 대목이 그 전형적인 흔적이다. 이는 「창세기」 3:16에서 여자에 대하여 '너는 남편을 사모하고 남편은 너를 다스릴 것'이라고 한 내용과 상치된다. 또한 유대족 출신의 아버지를 가졌던 야이르가 므낫세 출신의 어머니의 대를 이어 '므낫세의 아들'로 불리어진 사실(「민수기」 32:41)이나, 유대 부족 바르질래의 여자와 결혼한 사제들이 그 아들들을 '바르질래의 아들'이라고 불렀던 사실(「느헤미아」 7:63) 등에서도 모권이 확인된다. 그러나 대부분의 학자들은 모계전승이 고대사회에서 부분적으로 이루어졌으며 일반적인 현상은 아니라고 주장한다(베벨, 64쪽 이하). 만일 처용의 시대에 모계전승이 일반적인 경향이었다면 처용은 그 부인의 불륜을 문제 삼을 수 없었을 것이다. 그러나 고대 신라사회에서도 모권사회가 일반적인 현상은 아니었기 때문에 이 가능성은 배제되어도 좋을 것 같다.

세 번째로 복혼(複婚 polygamy)의 경우를 생각할 수 있다. 일처다부제(polyandry)와 일부다처제(polygyny)가 있으며, 일처다부제는 특히 모권사회와 연계된다. 처용의 아내가 다른 남자를 또 다른 남편으로 섬겼다면 이에 해당될 수 있다. 일부다처제의 사회에서도 특별한 경우에는 한 여자가 두 명 이상의 남자와 관계를 가질 수도 있다. 이는 고대 신라의 기틀을 유지해왔던 화랑과 풍월주, 그리고 왕족의 가계 문제를 적나라하게 다루었던 김대문의 『화랑세기』에서 흔하게 찾아볼 수 있는 현상이다. 바로 이 경우가 처용의 행위를 가장 이해할 수 있게 해주는 것 같다.

이른바 신국(神國)의 도(道)로 간주되었다. 마(摩)는 '문지르다', '가까워지다'를 뜻하므로 마복자(摩腹子)는 '배를 맞추어서 얻은 아들'을 뜻한다. 신라의 왕실과 귀족사회에서는 자신의 아내를 왕에게 바치는 풍습이 일반적으로 행하여졌으며, 왕은 수시로 신하의 부인을 범할 수 있었다(色供). 왕이나 왕족이 자신들의 부인 이외의 여인들과 관계를 가져서 얻은 자식을 마복자라 하고, 이들은 그 신하의 가계에 기록된다. 왕의 혈통을 지닌 마복자들은 화랑이 되어 왕실 수호세력으로 기여하였다. 이것은 김대문이 그린 6,7세기 신라의 성 풍속도이다. 고대 신라시대의 성풍속에 비추어 보면 왕족들 사이에서 마복자와 색공제도를 바탕으로 난혼과 복혼이 이루어졌던 것으로 확인된다.

일연의 처용설화로 다시 돌아가자. 처용설화에 내재된 두 가지 유형의 갈등 중에서 왕과 용왕 사이의 첫 번째 갈등을 왕족과 호족 세력의 갈등으로 볼 수 있다면, 처용과 역신과의 두 번째 갈등은 어떻게 해석될 수 있을까? 신라의 성풍속을 감안한다면 그 역신은 바로 신라왕일 가능성이 크다. 헌강왕이 처용의 마음을 잡기 위하여 미인을 그의 아내로 내주었다가, 그 부인을 다시 색공으로 삼았을 가능성이 있다. 그렇다면 처용도 자기 부인의 불륜을 적극적으로 저지할 수 없었을 것이다. 왕 또는 왕족이 처용의 부인을 범했다고 가정할 경우에만 우리는 이 사건의 전모를 납득할 수 있게 된다.

역사서인 『삼국사기』에서도 이와 같은 해석을 정당화할 수 있는 단서가 보인다. 처용 사건이 발생한 것은 제49대 헌강왕 5년(879) 3월이며, 같은 해 6월에 일길찬(一吉飡) 신홍

(信弘)의 반역 사건이 발생하였다. 이는 처용 사건 역시 정치적 갈등의 소산일 수 있다는 가능성을 시사한다. 헌강왕이 죽고 그의 동생인 정강왕이 등극하였으나 1년 만에 요절하고, 그 여동생이 제51대 진성여왕으로 등극하였다(887년). 그녀는 각간 위홍이나 소년 미장부(美丈夫)와 더불어 음사(淫事)를 즐긴 것으로 유명하다. 진성여왕은 헌강왕의 서자 요(嶢)를 태자로 삼았다. 요는 897년에 즉위한 제52대 효공왕(孝恭王)이다. 그런데 바로 이 태자 요의 출생 이야기가 흥미롭다. "10월[眞聖王 9년, 895년]에 헌강왕(憲康王)의 서자(庶子) 요(嶢)를 세워 태자(太子)를 삼았다. 처음에 헌강왕이 전렵(田獵)을 관람(觀覽)하다가 한길 가에 자태가 아름다운 한 여자가 있음을 보고 마음으로 사랑하여 후거(後車)에 명하여 태워 가지고 행재소(行在所)에 와서 야합(野合)하였는데 곧 태기가 있어 아들을 낳으니 그 아이가 장성(長成)함에 따라 체모(體貌)가 영특하고 이름을 요(嶢)라 했다. 진성왕(眞聖王)이 듣고 그 아이를 궐내(闕內)로 불러들여 손으로 그 등을 어루만지며 말하기를, '나의 형제 자매(兄弟姊妹)의 골상(骨相)은 남과 다른 점(點)이 있다. 이 아이도 등에 두 뼈가 솟았으니 참으로 헌강왕(憲康王)의 아들이라'하고 이내 유사(有司)에 명하여 예(禮)를 갖추어 태자(太子)로 숭봉(崇奉)하였던 것이다."[6]

태자 요의 출생이 처용설화와 직접 연관된 것인지는 알 수 없으나, 헌강왕 역시 자신의 재임기간 중에 반란을 경험했으

---

6) 김부식, 『삼국사기』, 제11권 중 진성왕, 이병도 역, 을유문화사 1997, 298쪽.

며, 태자 요는 헌강왕이 숨겨 놓은 마복자로서 진성여왕이 후계자로 삼았던 사실을 확인할 수 있다. 당시 헌강왕을 사로잡았던 여인은 효공왕 편에서 김씨부인으로 알려지고 있으며, 의명왕태후(義明王太后)로 봉하여졌다.[7] 이는 6, 7세기에 성황하였던 마복자와 색공제도가 헌강왕의 재위시대인 10세기에도 여전히 작동되었던 사실을 입증하고 있으며, 따라서 처용가에 등장하는 역신은 헌강왕의 숨은 얼굴일 가능성이 크다. 처용가의 소재는 헌강왕의 마복자 이야기일 수도 있다.

김기흥(金基興)은 「신라 처용설화의 역사적 진실」이라는 논문에서 처용설화는 효공왕의 등극을 정당화하는 신화라고 해석하였는데, 헌강왕이 김씨부인을 만난 시점은 울산을 순방했을 때라고 추정하였으며, 그 때문에 일연은 망해사(望海寺)를 신방사(新房寺)라고 병기했다는 것이다. 사찰의 이름을 신방(新房)이라고 부른 것은 이례적이다. 그는 이 때 태어난 서자 요가 처용일 것이라고 추정하고 있다.[8] 그러나 김기홍처럼 태자 요를 처용으로 설정할 경우에 처용이 잉태된 동일 시점에 정부 관리로 발탁된다는 모순이 생겨나며, 처용설화에 내재된 두 개의 갈등구도, 특히 처용과 역신의 대결구도를 상식적으로 납득시킬 수가 없다. 더구나 태자 요가 처

---

7) 김부식, 『삼국사기』, 제12권 중 효공왕, 이병도 역, 을유문화사 1997, 306쪽. 『삼국유사』, 王曆表(孝恭王條)에는 문자왕후(文資王后)라고 기록되어 있다.

8) 김기홍, 「신라 처용설화의 역사적 진실」, 『역사교육』 80, 역사교육연구회 2001, 134쪽 이하. 『처용연구전집』 제4권 종합편에 재수록, 756쪽 이하.

용이었다면 이미 궐내에 알려져 있었을 터인데, 이는 진성여왕이 태자 요를 불러들였던 정황에 비추어 정합성을 결여하고 있다.

이에 반하여 박인희는 처용이 효공왕 사후에 백성들에 의하여 직접 추대되었던 제53대 신덕왕(神德王)일 가능성이 있다고 주장하였다.[9] 신덕왕의 성은 박씨이므로 왕권의 변화가 생겨난 것이며, 백성[國人]들이 직접 추대한 것 역시 매우 드문 경우였다. 신덕왕의 비는 김씨이고, 헌강왕의 딸이다. 헌강왕이 처용에게 내린 미인이 자신의 딸이었다면 보다 분명하게 기술되었을 것이다. 그러나 박인희의 가설대로라면 헌강왕이 처용에게 주었던 미인을 다시 차지하고 그 대신에 자신의 딸을 그에게 주었을 가능성도 생각해 볼 수 있다.

그러나 이러한 주장들은 그저 추정일 뿐이며 처용이 누구인지 확인할 길은 없다. 그가 화랑의 일원인지 아니면 아랍의 상인인가도 분명하지 않다. 그러나 헌강왕이 처용의 마음을 사로잡기 위하여 주었던 미인을 다시 색공으로 취하였을 개연성은 매우 크다. 이처럼 역신이 왕이나 왕족일 경우에, 그리고 왕권과 호족세력 간의 정치적 갈등을 전제할 경우에만 처용 사건의 전모를 이해할 수 있게 된다. 처용은 당시의 성 풍속 때문에 소극적으로 대처할 수밖에 없었을 것이고, 사정이 이렇다면 처용의 행위는 관용정신과 아무런 관계도 없으며, 그것은 신라왕실의 섹스 스캔들에 지나지 않는다.

따라서 처용설화는 울산지역의 주류적이고 지배적인 가치

---

9) 박인희, 「처용의 실체와 '처용가'」, 『처용연구전집』 제4권, 777쪽 이하.

지향이 될 수 없으며, 산업수도 울산의 대표축제나 이미지 브랜드로서도 적합하지 않다. 그것은 오히려 권력의 추락이나 실패한 연대를 뜻할 뿐이다. 우리는 처용가에 나타난 성담론이 신라왕실의 성풍속을 반영하고 있다고 해석할 경우에만 그 전모를 설득력 있게 파악할 수 있으며, 바로 이러한 사실에서 처용문화제가 울산의 대표축제로서 부적합하다고 지적하는 바이다. 울산의 대표축제는 우리 지역의 예술혼과 장인정신을 연출하면서 사람과 자연과 산업이 공존할 수 있는 보편적인 가치지향을 표방해야 한다. 이것이 바로 처용문화제의 종언을 요구하는 근거이다.

## 5. 문화산업으로서의 지역축제

마지막으로 발제자는 부산시가 21세기를 전망하는 도시발전 전략의 중요한 분야로서 관광컨벤션산업과 영상콘텐츠산업 등 문화산업에 비중을 두고 있으며, 지난 2002년 아시안게임의 성공적 개최, 2005년 APEC정상회의 유치 성공에 이어서 2012년 올림픽 유치를 통하여 도시발전을 위한 미래 전망과 전략을 수립하고 있음을 밝혔다. 또한 21세기 동북아시대를 대비하는 해양물류중심도시로의 도약이라는 부산시의 특성화 전략에 부합되는 문화산업을 육성하기 위한 몇 가지 방책을 제안하고 있다.

첫째로 축제문화의 개방성, 소통성, 통합성을 구현할 수 있는 문화행정 시스템 및 마케팅 전략의 구축이 필요하다는 것이다. 이는 지역축제간의 상호연관성 및 상호소통을 가능하게 할 뿐만 아니라 행정기관, 축제전문인력, 문화예술인, 시민사회의 상호 협조를 가능하게 할 것이다.

둘째로 축제 관련 조직운영에 있어서 경영마인드를 도입하여 투명성, 객관성, 전문성을 제고하여 축제문화의 공공성, 효율성, 예술성을 증진시켜야 한다는 것이다.

셋째로 지역사회의 정체성에 기반을 둔 특성화된 축제 이미지를 브랜드화하여 지역경제 활성화에 기여할 수 있게 해야 한다는 것이다.

이러한 지적들을 바탕으로 현재 이루어지고 있는 울산지역의 축제들이 지역적 정체성과 특수성을 감안하고 있으며, 지역 산업과 경제에 긍정적인 역할을 수행하고 있는지를 살펴볼 필요가 있다. 가장 중요한 것은 앞에서도 지적한 바 있는 정체성 문제이다. 반구대 암각화와 천전리 각석에 나타난 구상미와 추상미는 울산시민들이 자랑해야 할 문화예술의 극치이다. 우리의 선조들이 구상과 추상이 아우러진 창조적 예술행위를 즐겼다는 사실에 대하여 자긍심을 가져할 것이다. 그것은 인류가 보존하고 창조적으로 발전시켜야 할 보편적 가치이기도 하다. 선사시대에서 신라시대에 이르기까지의 생활상이 적나라하게 반영된 이 작품들은 창조적인 추상정신과 생산적인 장인정신을 주제로 하고 있으며, 그것은 오늘날의 산업수도 울산을 가능하게 한 원동력이었다. 그리고 우리는 지금 이미 산업화 과정에서 황폐해진 주변 환경을 생태적으로 복원하는 동시에 태화강과 동해바다를 다시 살림으로써 고래 떼를 불러들이고 연어가 다시 찾아올 수 있는 태고적의 고향을 꿈꾸고 있다.

그러나 울산공업축제를 발전적으로 해체하는 과정에서 울산시민들은 잘못된 길로 들어서고 말았다. 반구대 대신에 처용을 선택했기 때문이다. 구상과 추상을 아우른 창조적 미학정신과 최선의 작품을 추구하는 장인정신을 버리고, 정치적 갈등 구도에서 빚어진 성적 일탈과 주술행위를 취하였던 것이다. 따라서 처용문화제는 가치관의 측면에서 볼 때 처음부터 그 태생적 한계를 안고 있었다고 볼 수밖에 없는 것이다.

『계몽의 변증법』(1947)에서 '문화산업'(Kulturindustrie)이라는 용어를 처음으로 사용하였던 아도르노와 호르크하이머는 이 개념을 대중문화 관계자들이 기술적인 합리성을 바탕으로 대중지배를 획책하기 위하여 고안한 대중기만적 계몽활동이라고 규정함으로써 대단히 부정적인 의미로 사용하였다.[10] 그러나 오늘날 문화산업은 더 이상 대중조작이나 대중기만의 차원에 머무르지 않고 인류의 미래발전을 결정하는 문화적 가치의 창조와 생산과 보급을 관장하고 있다. 새뮤얼 헌팅턴은 『문화가 중요하다』(Culture Matters)라는 책의 서문에서 '문화'야말로 인류발전의 '결정적 요인'이라고 규정한 바 있다.[11] 헌팅턴은 1990년 초에 가나와 한국의 1960년대 초반 경제 자료들을 검토한 결과 두 나라의 1인당 GNP 수준이 비슷하고 1, 2, 3차 산업의 분포도 및 경제원조 대상국이

10) Marx Horkheimer und Theodor W. Adorno: *Dialektik der Aufklälung. Philosophische Fragmente*. Frankfurt 2004. 아도르노, 호르크하이머, 『계몽의 변증법』, 김유동 외 역, 문예출판사 1995, 169쪽 이하.

11) Samuel Huntington and Lawrence E. Harrison: *Culture Matters*. New York 2000. 새뮤얼 헌팅턴 외 편, 『문화가 중요하다』, 김영사 2001, 8쪽.

라는 사실까지 유사했는데, 30년 뒤 한국은 세계 14위의 경제규모를 가진 산업국가로 발전한 반면에 가나는 한국의 1인당 GNP 15분의 1 수준에 머물러 있는 사실을 발견하고 충격을 받았다고 밝힌 바 있다. 무엇이 두 국가의 발전을 그렇게 차이나게 만들었을까? 헌팅턴이 찾은 대답은 바로 문화였다. 그 이후에도 우리나라는 세계화(그리고 지역화), 정보화, 지식산업화의 물결을 거치면서 지식정보기술 분야에서 경쟁력을 키워나가고 있으며, 그 과정에서 문화산업의 중요성을 인식하기 시작하였다. 현재 우리나라의 문화경쟁력은 영화, 드라마, 가요 등 대중문화 관련 분야에 집중되어 있으나, 거의 모든 영역에서 문화 컨텐츠의 빈약성이라는 한계에 봉착해 있는 실정이다.

이와 같은 상황에서 지역축제를 문화산업의 육성과 연계시키는 방향으로 전환하는 것은 시대적 요구이기도 하며, 지역축제를 활성화시킬 수 있는 유일한 방안이기도 하다. 지역축제를 도시 전체의 이미지를 드러낼 수 있도록 그랜드 디자인하는 방식으로 도시 컨셉을 창출할 수 있다면 그것은 곧바로 성공적인 도시마케팅으로 연결될 수 있으며, 특정 도시만이 풍겨낼 수 있는 고혹적인 분위기를 연출할 수 있을 것이다. 이런 점에서 발제자가 도시축제와 문화산업의 일치를 통해서 경제적 풍요와 문화적 윤택이 어우러질 수 있는 도시 어메티니(Amenity) 개념의 확산을 강조한 것은 매우 적절하다고 본다.

그러나 울산의 경우는 어떠한가? 동해바다와 수려한 산악지역, 그리고 국내 최고의 산업단지가 들어서 있다는 자긍심에도 불구하고 우리는 이 도시의 외형으로부터 안온한 분위기를 느끼고 있는가?

울산의 축제문화를 문화산업으로 전환할 수 있는 가능성을 모색하는 것은 매우 중요하다. 울산지역의 축제들 가운데 문화산업으로 육성할만한 것들은 없는가를 살펴야 할 것이다. 울산시민들이 지향하는 가치를 세계만방에 알릴 수 있다면 우리는 더 많은 예산도 투입해야 할 필요가 있다. 그런데 여기에서 우리가 전제해야 할 것은 울산시의 대표축제는 울산지역의 문화적 정체성뿐만 아니라 우리 세대가 추구하는 현재적 가치는 물론이고 우리의 후손들이 자랑스럽게 여길 수 있는 가치지향까지도 반영해야 한다는 점이다. 울산시는 현재 '한국경제의 동력 첨단산업도시', '아름답고 푸른 생태환경도시', '삶이 여유로운 문화복지도시'를 지향하고 있으며, 이와 같은 시정방침은 시장이 바뀌더라도 계속 유지되어야 할 가치들이다. 우리는 이러한 가치들에 부합되고 울산시민 모두가 거부감 없이 참여할 수 있는 새로운 축제를 구상하지 않으면 안 된다. 이 경우에 유념해야 할 몇 가지 기본 전제들이 있다.

첫째로 처용문화제가 울산시민의 정체성과 부합되지 않다는 사실을 인식하고 최대한 빠른 시일 안에 그 틀에서 벗어날 필요가 있다. 이 경우에 현재와 같은 비생산적이고 소모적인 잡화점식 프로그램 운영 방식을 과감하게 지양하고, 울산시의 새로운 도시 브랜드로 부각될 수 있도록 새 판을 짜는 것이 필요하다. 처용 관련 행사는 개별축제의 형태로 유지하되, 처용극 또는 처용오페라 등 국제무대에 올릴 수 있는 문화상품으로 개발할 수 있도록 특별 지원하는 것이 좋을 것이다.

둘째로 이를 위해서는 의사소통 방식의 개선이 필요하다. 현재 처용문화제와 관련된 모든 이해관계를 초월하는 것은 물론이고 성별, 직업별, 종교별 차이를 넘어서서, 각계각층의 대표성 있는 유능한 인재들로 특별위원회를 구성하여 지금까지의 처용문화제 운영에 관한 전반적인 문제들을 반성하고 점검하는 동시에 새로운 문화축제를 개발할 수 있도록 해야 할 것이다. 전시민적 관심을 대표할 수 있는 가치중립적인 인사들과 문화전문가들이 적극 참여할 수 있도록 논의구조를 개편하는 것이 급선무이다.

셋째로 새로운 축제는 특정 종교나 이데올로기가 배제된 가치중립적인 이름을 가져야 할 것이다. 울산의 대표축제는 '부산국제영화제'나 '광주비엔날레' 등에 비견될 수 있도록 '울산국제연극제', '울산세계음악제', '울산국제광고영화제' 등을 생각할 수 있을 것이다.

넷째로 울산지역에서 기획된 모든 축제들을 전체적으로 조망할 수 있는 장치를 마련하여 관광 및 문화상품으로서 시너지 효과를 기할 필요가 있다.

이상과 같은 필자의 의견들이 울산시민과 울산문화의 정체성을 새롭게 규정하고 발전시키는 데 다소나마 보탬이 되었으면 하는 바램이다.

(이 글은 울산광역시 처용문화제 추진위원회가 2006년 11월 30일, 울산상공회의소에서 개최한 "처용문화제 및 울산지역 축

제 활성화를 위한 심포지엄”에서 서영수의 발제문 「문화산업으로서의 지역축제연구」에 대한 논평문으로 작성되었다.)